Original Aspiration:
The Birth of
Chongqing University
in 1929

初心·1929

重慶大學

诞生记

主编
饶劲松

重庆大学
出版社

序

二十世纪初的中国，内忧外患，战乱频仍，民众在苦难中挣扎，巴渝大地广大爱国志士高呼"文化学术之盛衰，关系国家民族之兴亡"[1]，为教育救国、兴学图强四方奔走。1929年10月12日，一声清脆的行课铃在长江岸边的杨家花园敲响，重庆大学宣告成立。这一铃声，吹响了重大人建设"完备弘深之大学"[2]的梦想号角，开启了重大人"研究学术、造就人才、佑启乡邦、振导社会"[3]的奋进征程。

创办之初，重庆大学在风雨飘摇中顽强成长，经受过物力维艰，遭受过战火纷乱，承受过牺牲悲恸。无论风云几何，广大师生高唱着"复兴民族，誓作前锋"[4]，众志成城，勇往直前，艰苦创业，积极投身民族独立与解放的革命斗争，铸就了重大人"耐劳苦、尚俭朴、勤学业、爱国家"[5]的精神风貌。1935年，成为四川省立大学；1942年，成为当时中国学科门类最为齐全、综合实力最为雄厚的国立大学之一，拥有文、理、工、商、法、医六大学院，蜚声海内外。

[1]引自重庆大学筹备会议记录（1929年）。

[2]引自《重庆大学筹备会成立宣言》（1929年）。

[3]引自《重庆大学筹备会成立宣言》（1929年）。

[4]引自《重庆大学校歌》（1936年）。

[5]引自《重庆大学训育及管理方法》（1936年），后成为重庆大学校训。

中华人民共和国成立后，重庆大学在变革图强中奋楫中流，不断发展壮大。1952年，为支持国家高等教育发展，学校的文、理、商、法、医五个学院以及工学院中的土建系、化工系、无线电系等调出，创建和支援了国内十多所兄弟院校。1960年，学校被确定为全国重点大学，成为国家布局西部、有重要影响的，以机械、电气、动力、采矿、冶金等工科为主的多科性大学，为国家工业建设、三线建设、军工建设培养了大批高级专门人才。

改革开放以来，重庆大学抢抓人才强国、科教兴国、重庆直辖、西部大开发、成渝地区双城经济圈建设等重大战略机遇，加快改革发展步伐，综合办学实力快速提升，谱写了与民族共命运、与时代共发展的崭新篇章。1998年，重庆大学入选"211工程"重点建设高校；2000年，原重庆大学、重庆建筑大学、重庆建筑高等专科学校三校合并组建为新的重庆大学，奠定了高水平大学建设的坚实基础；2001年，入选国家"985工程"重点建设高校；2004年，成为中央直管高校；2017年，入选"世界一流大学建设A类高校"，学校发展迈入新的历史时期。

九十余载薪火赓续，一代代重大人坚守着"复兴民族，誓作前锋"的铿锵信念，以中华儿女的万丈豪情，投身兴学强国的伟大征程中。这面凝聚着大学使命、镌刻着民族自觉、体现着时代风貌的"前锋旗帜"，就是我们弥足珍贵的精神财富，也是我们生生不息、坚韧前行的永恒动力。

九十多年来，重庆大学始终以研究学术为使命，勇作科技创新的前锋。历代重大人坚持以学术研究、熔铸新知为永恒追求，自强不息、孜孜不倦，敢履崎岖登绝顶，为国家科学技术进步作出了重要贡献。国内首次北极科学考察，第一座 35 千瓦短波电台，第一批棓酸塑料，第一次发现 3 亿年前古生物节甲类鱼化石，高校第一个国家发明奖，研制成功第一台工业计算机断层扫描成像装置，生长出月球第一片绿叶的嫦娥四号生物试验载荷……重大人用潜精积思的严谨治学，用脚踏实地的学术成就，为经济发展、社会进步和人民福祉，贡献着重大智慧和重大力量。

九十多年来，重庆大学始终以造就人才为根本，勇作卓育菁莪的前锋。重大始终铭记"人类之文野，国家之理乱，悉以人才为其主要之因"[6]的先贤警训，自

[6] 引自《重庆大学宣言》（1929 年）。

创办之初就以"择天下英才而用之"的气度广延名师、施教育人，马寅初、李四光、何鲁、冯简、柯召、陈志潜、吴宓、吴冠中等名师巨匠在此授业科学、传道人文，造就了学术争辉、文化交融的生动局面，形成了严谨的治学、育人传统。历届 40 余万重大菁英成为祖国建设各条战线的中坚力量，其中当选为两院院士的有 40 余人，他们用创造、执着和坚韧，为民族复兴拼搏奉献，为人民幸福建功立业，书写着矢志报国的绝美华章。

九十多年来，重庆大学始终以佑启乡邦为责任，勇作造福桑梓的前锋。重大建校于 1929 年，重庆建市于 1929 年，重大与重庆市相伴九秩，始终同心同向、互助并进、荣辱与共。巴渝大地孕育了重大、浸润着重大，塑造了重大爱国进取、坚韧顽强、开放包容、自由民主的基因和品质。"因渝而生，依渝而兴"的重大，始终以"增进本埠之繁荣，拓殖西南之福利"[7] 为己任，从点亮"沙磁学灯"到支援"三线"建设，从西电东输到三峡库区保护，从超过三分之一的毕业生留渝工作，到全方位融入成渝地区双城经济圈建设，重大以实际行动为重庆发展聚势赋能，成就了大学与城市融合发展的典范。

[7] 引自《重庆大学宣言》（1929 年）。

九十多年来，重庆大学始终以振导社会为理想，勇作引领风尚的前锋。阔步于科教兴国之大路，激昂于民族复兴之大潮，重大人以"明知困难滋多，相期黾勉勿替"[8]的昂扬斗志，以"惠助其始，乐观其成，加以教督而不我弃也"[9]的坚定信心，肩负起"基于社会自然之需，不徒藉以润色鸿业"[10]的时代重任。抗战岁月，山河破碎，师生同袍齐心戮力，共御外侮，以血肉之躯抗击敌寇，气贯长虹；学校不顾自身困窘，毅然为内迁至此的中央大学提供土地，建设校舍，慷慨相助；为追求民族独立与人民解放，周均时、张现华、何柏梁、薛传道等革命志士烈卧青冈，魂铸红岩，铁骨铮铮。无论是高擎"红岩旗帜"，还是和平年代"哪里有建设，哪里有工业，哪里就有重大人"；无论是对服务国家战略需求和区域经济社会发展的主动请缨，还是为提升一流大学治理能力作出的革故鼎新，无不体现出重大儿女为社会进步、为民族复兴的使命担当。

我想，对于这样一所令人尊敬的大学，必定有很多读者和我一样对其诞生的故事充满好奇。2019 年是重庆大学建校 90 周年的校庆年，学校于 2018 年 7 月成立了 90 周年校庆工作机构，很荣幸学校安排我担任了"重庆大学 90 周年校庆工作秘书处秘书长"，具

[8] 引自《重庆大学筹备会成立宣言》（1929 年）。

[9] 引自《重庆大学筹备会成立宣言》（1929 年）。

[10] 引自《重庆大学筹备会成立宣言》（1929 年）。

体负责校庆活动的策划与实施。在这期间，按照"铭初心、聚众力、塑文化、建一流"的校庆主旨，在重庆大学档案馆、校史馆、人文社科高等研究院的大力支持下，我们再次对重庆大学的校史进行了梳理，查阅了相关的史料，着重对重庆大学创办前后那段时期的历史作了深入的研究，特别是对其中的重要文献进行了详细考证和释义，比如对《重庆大学筹备会成立宣言》《重庆大学宣言》进行了句读和翻译，对《重庆大学经过概略（1933 年）》《重庆大学校史概略（1937 年）》以及饶家院的故事等进行了梳理，对《重庆大学校歌》歌词进行了全面详细的注解，等等。这些工作卓有成效，让我们对重庆大学创办前后的那段历史有了"情景再现"式的认识。

通过上述工作，这本《初心·1929：重庆大学诞生记》应运而生，讲述重庆大学从筹备到正式成立背后的故事。从 1925 年四川善后会议提出创设重庆大学，到川东籍学者奔走倡议、重庆绅耆鼎力支持，到 1929 年 7 月 24 日刘湘主持筹备工作，成立由重庆各界人士组成的重庆大学筹备委员会，到 1929 年 10 月 12 日，循世界近代大学之制度，振民族复兴之木铎，重庆大学宣告成立，我们能够强烈地感受到，是这片热土孕育了重庆大学，是这片热土上怀着赤子情怀的人们支撑起了重庆大学，重庆大学的根深植于这里，初心也在这里一代一代地传承。重庆大学将始终秉持"人类之文野，国家之理乱，悉以人才为其主要之因"的格局视野，怀抱"不计久远之成功，惟是当前之戮力；不期一驾之企及，惟是十驾之不休"[11]的胸襟气度，扎根重庆、立足西南、面向西部、服务全国、走向世界，树西南风声[12]、创一流大学。

诚挚感谢重庆大学档案馆、党委宣传部、校史馆、人文社科高等研究院以及上海校友会对本书出版提供的大力支持。限于本人水平，书中难免存有纰漏，敬请广大读者批评指正。

2022 年 10 月 12 日

[11] 引自《重庆大学宣言》（1929 年）。
[12] 引自《重庆大学宣言》（1929 年）。

目　录

波折，创办重大

再次提上日程！

1929 年 7 月 24 日
距重庆大学成立还有 80 天

1929 年 7 月 24 日，一份汇集了 113 名各界人士的名单公布，几个月后，将影响重庆大学的诞生。这是一份什么样的名单？它是如何产生的呢？

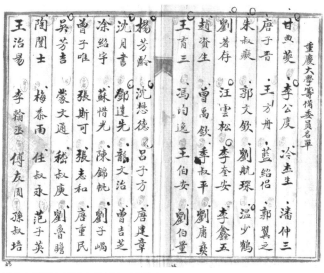

重庆大学筹备委员名单档案（局部）

兴学救国
他们立志在重庆创办第一所大学

嘉陵与长江相汇而生重庆，人文与科学相济而衍重大。筹建重庆大学的缘起，还要追溯到 1925 年 8 月。这一年，以巴县议事会副议长李奎安为首的"五老四学士"["五老"：李奎安、李公度、朱之洪（朱叔痴）、温少鹤、汪云松[1]；"四学士"：沈懋德、吴芳吉、吕子方、彭用仪]以及大批乡绅耆老、仁人志士为筹备创立重庆大学奔走呼吁。8 月 29 日，李奎安等在"善后讨论会"上提出筹备成立重庆大学的提案[2]，以 1923 年房捐与 1925 年半数公债作为开办经费，并将重庆关税作为学校运行的日常经费。

1926 年秋"全川善后会议"上，成渝两地设立大学的提案正式通过，时任四川省省长刘湘正式同意筹办重庆大学[3]，同时咨请四川省府与川康督办核查办理，推定李奎安及各民意代表团首领及名流 18 人作为筹备员，合力组建重庆大学筹备会。[4] 未久，《商务日报》《渝声季刊》先后刊登李奎安《创兴重庆大学意见书》一文，

[1] "这五位老人，分别在早年的重庆市（旧巴县城）军、政、商、学界中各有建树，影响较大，在地方上深孚众望，因之时人称为'重庆五老'。在筹建重庆大学时，这五位老人都是筹备委员会委员，对筹建工作都共同参与，作了不懈努力，使重庆这一最高学府，得以应运而生。"中国人民政治协商会议四川省巴县委员会文史资料委员会编《巴县文史资料·第十辑》，1994，第 28 页。

[2] 彭晓东、杨新涯、王彦力主编《文献中的重庆大学 1929—1949（上）》，重庆大学出版社，2019，第 7 页。

[3] 彭晓东、杨新涯、王彦力主编《文献中的重庆大学 1929—1949（上）》，重庆大学出版社，2019，第 7 页。

[4] 《李奎安等建议创设重庆大学》，《申报》1925 年 8 月 31 日；《筹备中之重庆大学》，《益世报》1925 年 9 月 30 日，第 6 版。

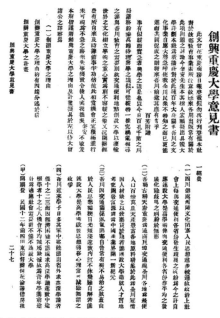

李奎安《创兴重庆大学意见书》

文中指出设立重庆大学的具体理由与实施计划，为筹办重庆大学进行了舆论宣传[5]

李奎安阐述了创办重庆大学的经费、校址、组织、筹备四项重要问题。[6]

1. 办学经费的来源。李奎安作为重庆商会的重要领导人，对重庆地区的财政颇为了解，由此提议"以十二

[5] 李奎安：《创兴重庆大学意见书》，《渝声季刊》1925 年第 6 期，第 30-31 页。

[6] 彭晓东、杨新涯、王彦力主编《文献中的重庆大学 1929—1949（上）》，重庆大学出版社，2019，第 6 页。

年房捐及本年公债半数为开办费、附加渝关税为经常费"，并将此意见呈报政府审核，期望由政府出面解决办学经费问题，以得到长期办学的经费支持。

2. 校址的选择。建议选择佛图关营房及附近区域改设为办学地点，或租或借，均具操作性。

3. 组织的设置。学校需设置董事会及校长，以"川中富有学识及声望之绅耆"为董事，以"吾川富有学识及声望"且"董事会推定、省长延聘"者为校长。

4. 筹备人员的组建。争取最大可能成立"重庆大学筹备会"，让一批有志于发展重庆高等教育的乡绅耆宿共同为重庆大学的成立而努力。"同日由发起人及各法团首领名流为筹备员，合组创兴重庆大学筹备会。"由此可见，"重庆大学筹备会"的成员都是重庆地区各行业的重要人物，他们的参与是重庆大学得以顺利成立的重要保障。

遗憾的是，由于四川局势尚不稳定，重庆大学筹备之事一再被搁浅。

1928 年，川渝地区时局动荡，硝烟弥漫。在成都大学

1923年，重庆大学创办人之一彭用仪（一排左二）
在德国留学时与朱德（一排右三）合影

任教的川东籍教授沈懋德（巴县人）、吕子方（巴县人）、
吴芳吉（江津人）、彭用仪（巴县人）等惊悉"二一六"
惨案，义愤填膺，在成都小福建营成都大学宿舍吴芳吉
处，彻夜饮酒，抨击时局，痛感中国贫弱的根源之一就
是军阀制度腐败，对人才横加摧残，使一大批远涉重洋
去欧美、日本学成归国的有志之士报国无门。

感慨之余，众人一致主张为唤醒民众，应早日在重庆
创办一所大学，发展教育、造福桑梓，使川东青年学
子不必远赴京沪，就有受到高等教育的机会，从而培
养造就大批德智双全、威武不屈的人才，为拯救贫弱
的祖国贡献力量。

为办学四处奔走
川东籍学者辞职返渝

为了早日开办重庆大学，沈懋德等四处奔走，凭着自己的学术地位、社会声望，遍谒重庆地方名流、绅耆宿老，说明创办重庆大学的必要性，并倡议："如果师资缺乏，我们川东籍在省内外各大学任教者，皆可号召返渝，集中智力，共襄盛举。我们在成都大学任教，虽然未满延聘期限，亦决心辞聘返渝，服务桑梓，贡献微薄之力，经费和校址，端赖诸老指示扶持。"

经过充分酝酿，重庆大学促进会在重庆成立，成都成立了促进分会。促进会成立后，他们广泛进行舆论准备，大力宣传在重庆办大学的必要性，在1929年春决定当年暑假在重庆召开重庆大学筹备会成立大会。

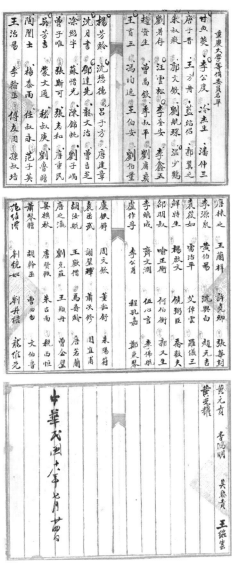

重庆大学筹备委员名单

一份重庆各界名家云集的名单

1929年7月，重庆大学促进会召集军、政、学、商等各界著名人士三百余人在重庆市商会内召开大会，并公推朱之洪（朱叔痴）担任促进会主席。会上，朱之洪阐明开会宗旨、重庆大学的酝酿情况及筹备意见，彭用仪也代表促进会成都分会发表讲话。参会代表一致举手通过筹办重庆大学提议，并敦请刘湘主持筹备工作。[7]

[7] 重庆大学校史编写组编《重庆大学校史·上册（1929.10—1949.11）》，1984，第7-8页。

7月24日，重庆大学筹备委员名单经过刘湘批准，筹备委员联络聘任之事由此开展。

该名单上共有113人，除了重大人所熟知的"重庆五老"和川东籍学者沈懋德、吴芳吉、吕子方，还有不少川内工商、教育界知名人士及二十一军刘湘部下的骨干成员，如重庆市首任市长潘文华（潘仲三）、广益中学校长杨芳龄、著名历史学家蒙文通、中国近代科学奠基人之一任鸿隽（任叔永）、著名爱国实业家卢作孚、著名爱国民主人士鲜英（鲜特生）、重庆著名教育家文伯鲁、自来水公司总工程师税西恒、公用事业开创者之一傅友周

李公度	潘文华	朱之洪	刘航琛
温少鹤	汪云松	李奎安	杨芳龄
沈懋德	吕子方	吴芳吉	蒙文通
任鸿隽	鲜　英	卢作孚	税西恒

等，其中部分人员在日后为重庆大学的筹备和建立作出
了重要贡献，并在重庆大学担任过职务。

人物卡片

刘湘（1888—1938），谱名元勋，字甫澄，法号玉宪，四川陆军速成学校毕业；曾任川军总司令、四川善后督办、川康边务督办、国民革命军第二十一军军长、国民政府四川省主席。作为重庆大学主要创始人出任第一任校长，为重庆大学的起步作出了不可磨灭的贡献。1937年"卢沟桥事变"后，刘湘在国民政府国防会议上极力主张"全国总动员，与日本拼死一决"，慷慨陈词近两小时，明确反对"攘外必先安内"的政策，主动请缨出川对日作战。会后，出席会议的中共代表周恩来、朱德、叶剑英等亲临刘湘寓所访问，赞誉他积极抗战的决心。身边人劝多病的刘湘不必亲征，留在四川。刘湘说："过去打了多年内战，脸面上不甚光彩，今天为国效命，如何可以在后方苟安！"之后，刘湘亲率部队出川抗战，但在抗战前线突发疾病，1938年在汉口去世，逝前留有遗嘱："抗战到底，始终不渝，即敌军一日不退出国境，川军则一日誓不还乡！

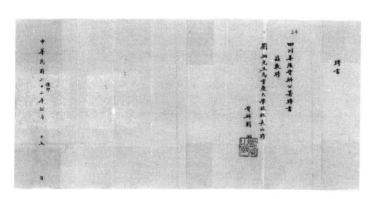

刘湘给自己的聘书

骄傲，重大九

年初心不改！

1929 年 7 月 29 日
距离重庆大学成立还有 75 天

重庆大学筹备会成立前夕，33 岁的吴芳吉起草了《重庆大学筹备会成立宣言》（以下简称《宣言》），提出了"研究学术、造就人才、佑启乡邦、振导社会"这一重庆大学传承了九十多年的办学宗旨，与现在所提的高校肩负的使命"人才培养、科学研究、社会服务、文化传承创新"完全契合，高瞻远瞩地为重庆大学指明了现代高等学府的精神内核和责任担当，激励着一代又一代重大人奋发图强。根据吴芳吉所留手稿，《宣言》于 1929 年 7 月 29 日拟就，待重庆大学筹备会成立后审定。

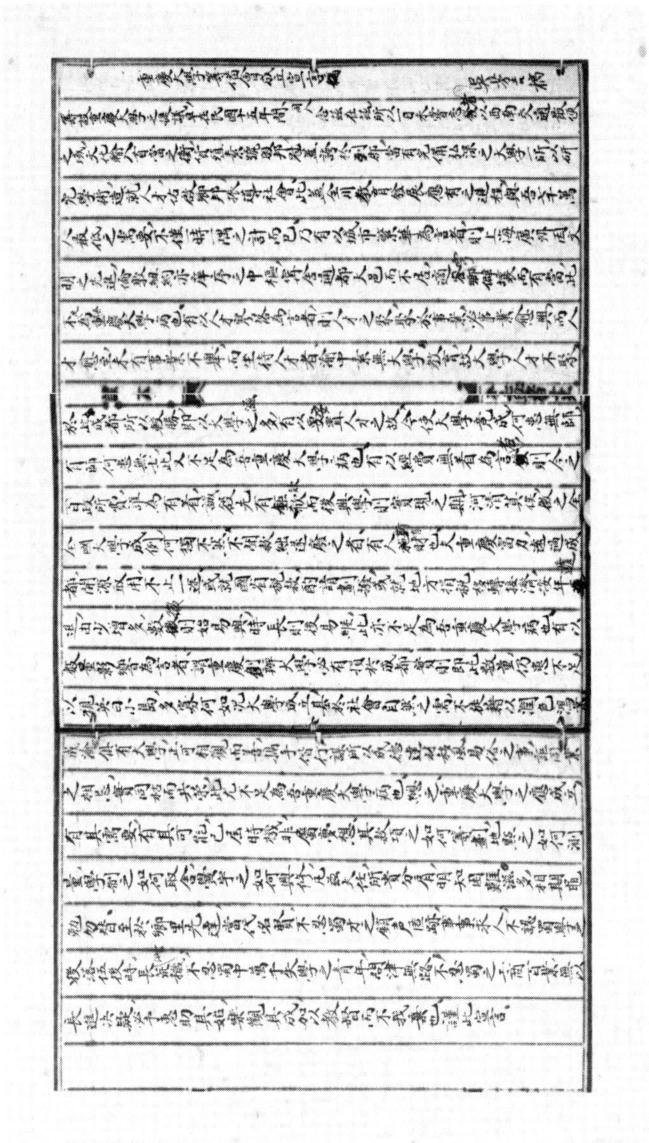

重庆大学筹备会成立宣言稿档案

字字珠玑，有力论证建校可能

重庆大学促进会成立后，经过一段时间的宣传酝酿，使得重庆方面群情踊跃。由此，重庆大学促进会决定1929年暑期在渝召开重庆大学筹备会成立大会，并致函成都分会早日选派人员来渝参加筹备工作，提前拟定重庆大学创办缘起、创办宣言等文件。成都分会决定由沈懋德、吴芳吉拟订筹备宣言、组织大纲等文件，吕子方、彭用仪为分会代表回渝参加筹备事宜。

《宣言》主要论证了重庆大学创办的现实可能性。[1] 吴芳吉的论述精辟而系统，文情并茂，立论充分，颇具雄辩之风与醒世之意。

《宣言》开篇亮明观点："以西南交通最便之域，文化输入首当之冲，货殖素号殷邦，冠盖夸于列郡，当有完备弘深之大学一所，以研究学术、造就人才、佑启乡邦、振导社会，此盖全川教育发展应有之进程，与吾七千万人最低之需要，不仅一时一隅之计而已。"其中，"完备"即综合性，"弘深"即高水平研究型，"完备弘深之大学"即我们今天所讲的"高水平研究型综

[1] 彭晓东、杨新涯、王彦力主编《文献中的重庆大学1929—1949（上）》，重庆大学出版社，2019，第7页。

合性大学"。可以说,建"完备弘深之大学",以"研究学术、造就人才、佑启乡邦、振导社会",就是重庆大学九十多年不变的初心,未来所有重大人也将不忘初心、牢记使命、砥砺前行。

在正式建立重庆大学之前,有不少质疑言论,而《宣言》层层深入,论证创办重庆大学的现实可能性,对质疑一一驳斥,令人心悦诚服。

质疑一：城市喧嚣，不宜办大学

有人认为，重庆是繁华商埠，城市喧嚷，不宜兴办大学。《宣言》引用中外经济、教育均发达的城市案例反驳："上海、广州因文明之先进，伦敦、纽约亦庠序之中枢，宁舍通都大邑而不居，适穷乡僻壤而有当？此不足为吾重庆大学病也。"

质疑二：商业城市缺乏办学人才

有人认为，重庆是商埠，人才寥落，难于兴办大学。针对这种观点，《宣言》字字珠玑，指出人才聚集与事业兴旺互相促进，成立大学，会源源不断培养人才："人才之聚，聚于事业，必事业愈兴，而人才愈至。未有事业不举，而坐待人才者。渝中素无大学教育，故大学人才不聚于此。成都所以较胜，即以大学兹多，有以安置人才之故。今使大学竟成，何患无师，有师何患无士？此又不足为吾重庆大学病也。"

质疑三：经费不足，办学是奢侈之谈

有人认为，开办一所大学，所需经费甚巨，必先筹足巨款，始能创办。经费短缺，何能侈谈兴办大学。《宣言》一针见血地指出，如果一味等待筹足款项才行动，办学将遥遥无期，进而指出许多周转资金的解决方法："今之百政所费，谁为有着。诚欲先有巨款而后兴学，则实现之期，河清莫俟。征之全国大学成例，何独不然，不闻款绌遂废之者，有人斯有财也。夫重庆富力，远过成都，开源取用，不止一途，或就国省税款，酌情划拨；或就地方捐税，移转接济。按年递进，由少增多，数微则始易兴，时长则后易继。此亦不足为吾重庆大学病也。"

20 世纪 30 年代重庆大学菜园坝旧址

质疑四:
四川地区已有大学,不需再办

有人认为,四川已有成都大学,不必另办重庆大学,重庆再办,有损成都。《宣言》表示,此看法貌似有理,实则不然。进而说明大学的实质是服务社会发展,而非锦上添花,两地大学可以相互促进,共同发展:"实则即此数量,仍患不足。以视英日小岛,多寡何如?况大学成立,基于社会自然之需,不徒藉以润色鸿业,成渝俱有大学,正可相观而善,携手偕行,谋所以成德达材、移风易俗之事,讵同业之相忌,实同枯而共荣。此尤不足为吾重庆大学病也。"

重庆大学成立刻不容缓

经过充分论证,《宣言》得出结论:"重庆大学之应成立,有其需要,有其可能,已届时机,非属梦想。"宣言强调筹办重庆大学已刻不容缓,并号召各界人士共同努力完成这一重大任务:"其款项之如何筹划,地点之如何测量,学制之如何取舍,黉宇之如何兴修,凡兹大任,所贵分肩,明知困难兹多,相期黾勉勿替。"

最后,《宣言》用四个"不忍"表达出筹备委员们心系桑梓、作育人材的心声:"不忍蜀才之销声匿迹,事事求人;不忍蜀学之落伍后时,长此荒秽;不忍蜀中万千失学之青年,问津无路;不忍蜀之工商百业,无以长进决疑。必予惠助其始,乐观其成,加以教督而不我弃也。"

可以说,《宣言》对于创办重庆大学的重大意义和发展目标,阐述得十分精辟而深刻。《宣言》手稿为文言文、繁体字,为便于理解,编者和相关专家对《宣言》内容进行了考证,并进行了句读。《宣言》原文和经编者翻译后的现代汉语版如下。

重庆大学筹备会成立宣言
（原文）

筹设重庆大学之提议早在民国十五年间，同人念兹在兹，所以一日未尝忘者，以西南交通最便捷之域，文化输入首当之冲，货殖素号殷邦，冠盖誇于列郡，当有完备弘深之大学一所，以研究学术、造就人才、佑启乡邦、振导社会。此盖全川教育发展应有之进程，与吾七千万人最低之需要，不仅一时一隅之计而已。

乃有以城市繁华为言者，则上海、广州因文明之先进，伦敦、纽约亦庠序之中枢，宁舍通都大邑而不居，适穷乡僻壤而有当？此不足为吾重庆大学病也。

有以人才寥落为言者，则人才之聚，聚于事业，必事业愈兴，而人才愈至，未有事业不举而坐待人才者。渝中素无大学教育，故大学人才不聚于此。成都所以较胜，即以大学滋多，有以安置人才之故。今使大学竟成，何患无师？有师何患无士？此又不足为吾重庆大学病也。

有以经费无着为言者，则今之百政所费，谁为有着？诚欲先有巨款而后兴学，则实现之期，河清莫俟。徵之全国大学成例，何独不然，不闻款绌遂废之者，有人斯有财也。夫重庆富力，远过成都，开源取用，不止一途，或就国省税款酌请划拨，或就地方捐税移转接济，按年递进，由少增多，数微则始易兴，时长则后易继。此亦不足为重庆大学病也。

有以数量影响为言者，谓重庆创办大学，必有损于成都。实则即此数量，仍患不足。以视英、日小岛，多寡何如？况大学成立，基于社会自然之需，不徒藉以润色鸿业。成渝俱有大学，正可相关而善，携手偕行，谋所以成德达材，移风易俗之事，讵同业之相忌，实同枯而共荣。此尤不足为吾重庆大学病也。

总之，重庆大学之应成立，有其需要，有其可能，已属时机，非属梦想。其款项之如何筹划，地点之如何测量，学制之如何取舍，黉宇之如何兴修，凡兹大任，所贵分肩，明知困难滋多，相期黾励勿替。至于乡里先达，当代名贤，不忍蜀才之销声匿迹事事求人，不忍蜀学之落伍后时长此荒秽，不忍蜀中万千失学之青年问津无路，不忍蜀之工商百业无以长进决疑，必予惠助其始，乐观其成，加以教督，而不我弃也。

谨此宣言。

重庆大学筹备会成立宣言
（直译为现代汉语）

筹设重庆大学的提议早在民国十五年（1926）即已提出，同仁们都念念不忘，之所以一直没有放弃这个念头，是因为重庆作为西南地区交通最为便捷的区域，是文化传播的重镇，也是国内商业发达位居前列的富庶之地，因此在这里应当举办一所高水平研究型综合性大学，致力于研究学术、造就人才、佑启乡邦、振导社会。这是整个四川教育发展的应有之路，也是七千万四川人民最基本的需求，不是目光短浅、缺乏大局的权宜之计。

有人认为，重庆作为繁华闹市，不适宜建大学。上海、广州是因为文化发达才居于先进之列，伦敦、纽约也是大学云集的教育中心，难道舍弃繁华都市把大学建在穷乡僻野才是合理的？所以，不能以这个理由来诟病我们重庆大学的创办。

有人认为，重庆高等教育人才匮乏，不适宜建大学。而实际上，人才的聚集是因为事业，且事业越兴旺，人才就会越聚集，没有事业坐待人才到来是不现实的。

正因为重庆一直缺乏大学教育，才导致高等教育人才不汇聚于此。相比之下，成都之所以在这方面占有优势，就是因为那里大学较多，人才有乐业之所。今天如果我们把重庆大学建起来，就不需要担心缺乏师资，也不需要担心没有知名学者大师。所以，也不能以这个理由来诟病我们重庆大学的创办。

还有人认为，创办重庆大学经费无着落。实际上，现在政府很多方面都面临经费问题。如果要先筹得充足经费再来创办，则实现之日遥遥无期，如同要等黄河之水变清澈。纵观全国大学成功举办的案例，莫不如此，没有听说过因为缺钱而废止的，只要有人就可以筹得经费。重庆的富庶程度远胜成都，获得资金的渠道可以有很多，可以从国税、省税中酌情划拨，也可以从地方捐税中接济，每年逐渐增加，由少增多，最初需求量少便于兴办，时间长则可以持续。所以，也不能以这个理由来诟病我们重庆大学的创办。

还有人认为，成都已有大学，在重庆再增加一所，必定对成都不利。而实际上，即便在重庆增加一所大学，四川高校的数量仍然匮乏。对比英国、日本这些岛国，四川的大学是多是少一目了然。更何况大学成立是基于社会的自然需要，并不是用来装点门面的。如果成都、重庆都有大学，正好可以相互呼应，共同发展，致力于培养贤达人才，改良社会风气，哪里是恶性竞争，只会是互助共荣。所以，更不能以这个理由来诟病我们重庆大学的创办。

总之，创办重庆大学有其现实需要，也具备可行性，现在时机已成熟，而非异想天开。关于款项如何筹措、地点如何测量、学制如何规划，校舍如何兴修，这些重要事项，主要依靠大家群策群力，各司其职来分担，困难必定很多，我们相互勉励，决不放弃。至于父老贤达，他们必定都不忍川内人才凋敝，事事求助外人，不忍四川教育落后于时代，长此荒废，不忍四川万千学子无学可上，深造无门，也不忍四川工商各业没有人才支撑而发展受限，他们必定会慷慨帮助创办重庆大学，并期待重庆大学创办成功，他们会时刻关注，一定不会置之不顾。

谨此宣言。

人物卡片

吴芳吉（1896—1932），字碧柳，自号白屋吴生，著名诗人，世称白屋诗人，重庆大学主要创始人之一。他游走各地，充分了解当时的中国社会，他的诗文成为反映民生疾苦的号角和武器："三天不书民疾苦，文章辜负苍生多。"吴芳吉一边读书，一边创作，一边从教，先后任教于西北大学、东北大学、成都大学等名校。曾任重庆大学文科系主任，在教育上一贯主张文理并重，强调培养学生的实践能力；重视德育，认为人性本善，只要用道德加以灌输，用礼节加以约束，就可趋于完善；提倡体育，经常组织召开运动会，增强学生体质；在课堂教学中，力倡生动活泼，反对死气沉沉，授课时语言生动简练、颇有感染力。

吴芳吉创作的《婉容词》被中国诗界誉为"几可与《孔雀东南飞》媲美的传世名篇"。全诗90余句，语言流畅，文辞精炼，不事琢磨，却感人肺腑，荡气回肠。1932年"一·二八"事变爆发，日军进攻上海，十九路军奋起抗日，吴芳吉闻讯创作了颂扬十九路军的抗日诗歌《巴人歌》，传诵一时，成了唤起民众抗战的动员令。1932年5月9日，吴芳吉辞世，时年36岁。有《白屋吴生诗稿》《吴白屋先生遗书》《白屋家书》《白屋嘉言》等传世。

《白屋吴生诗稿》

关键，创办重大

中坚力量产生！

1929 年 8 月 4 日
距离重庆大学成立还有 69 天

重庆大学促进会大会召开后，筹备工作在刘湘的主持下，进展极为迅速，他函请各界知名人士参加重庆大学筹备会成立大会。

1929 年 8 月 4 日，重庆大学筹备会成立大会在二十一军军部大礼堂正式举行。重庆各界知名人士及各级学校校长共 85 人参加了会议。刘湘主持大会并发表主旨报告。"重庆为长江上游重镇，而文化落后，一般有志青年，以无最高学府求学，年年负笈旅外，最感不便。就地势上文化上政治上而言，重庆实有设立大学之必要。所以，现在我们在积极筹备，务期于最短期内，要有名实相符的大学出现。"[1]

[1]重庆大学校史编写组编《重庆大学校史·上册（1929.10—1949.11）》，1984，第9页。

会议审议通过了《重庆大学筹备会成立宣言》和《重庆大学筹备会组织大纲》。同时，刘湘出任筹备委员会委员长，并聘定 13 名筹备委员会常务委员。由此，创办重庆大学的中坚力量正式产生，各项筹备工作也得以落地开展。

会议逐条讨论通过了《重庆大学筹备会组织大纲》。大纲共八条，拟定了筹备会运行的基本原则，主要内容有：

"本会定名为重庆大学筹备委员会，由在渝最高级长官所聘任之委员组织之；本会担任筹备重庆大学之一切事务，自民国十八年八月开始，至大学成立之日为止；本会以在渝最高级长官为委员长，主持本会一切事务；本会设常务委员若干人，由委员长指聘之，于常务委员之下设文书、会计、庶务、交际四科分掌各项事务；本会于必要时得由委员长设置各种委员会；本会各职员为名誉职，除因公往来各处得酌支津贴外，概不支薪；本会办事细则另定之；本大纲如有未尽事宜，得由本会修改之。"

[2] 重庆大学校史编写组编《重庆大学校史·上册（1929.10—1949.11）》，1984，第9-10页。

按照筹备会组织大纲的规定，由刘湘担任筹备委员会委员长，聘请刘甫澄（湘）、甘典夔（绩镛）、李公度、刘航琛、朱叔痴（之洪）、温少鹤、汪云松、李奎安、杨芳龄、沈懋德、吕子方、刘伯量、沈月书、税西恒、吴芳吉、梅黍雨、文伯鲁、曾君壁、刘丹梧、龙维光、刘镜如、喻正衡、蒙文通等共55人为筹备委员。[2]

推选筹备委员会常务委员十三人，计有：刘甫澄（湘）、李公度、刘著存、潘仲三（文华）、甘典夔（绩镛）、刘航琛、汪云松、温少鹤、李奎安、杨芳龄、朱叔痴（之洪）、吕子方、沈懋德。[3]

[3] 重庆大学校史编写组编《重庆大学校史·上册（1929.10—1949.11）》，1984，第10页。

刘湘在会上重申了重庆大学创办的必要性："文化学术之盛衰，关系国家民族之兴亡……是以大学之设立，实为文化学术之基本问题。""为社会需要计，为四川前途计，重庆大学不可不办。"他号召大家群策群力，向着"办一极完备之重庆大学"的目标共同努力。

重庆大学筹备委员会常务委员提名档案

各教育專家與各界人士責然先降足見諸君對於

教育事業非常熱心對於籌備重慶大學尤表同情

昌深欣慰夫大化學術之盛衰關係國家民族之興亡

我國自海禁開通以來歐西文化東漸然皆步人後塵實

属幼稚而舊有文化又復廢弛不振以致國困民窮有如今

日夷考世界各國文化之進步物質之文明無非學術

之演進真理之闡明有以促成之倘無完備大學為研究

之所昌克臻此是以大學之設立實為文化學術之基本

問題我國新學術既落後舊學術又廢弛文化衰頹國

勢智凌今後欲解決種種問題與列強相廣於平等地

位應取法列強辦理大學教育吾川地大物博號稱天

府乃以交通不便文化錮閉尤應多設大學教育青年

重庆大学筹备会议记录档案

重慶大學籌備會議記錄

重慶大學籌備會議記錄

時間　八月四日　地點　軍部

主席　劉軍長　到會人數　八十五人

開會程序

(一)全場肅立

争论，重大

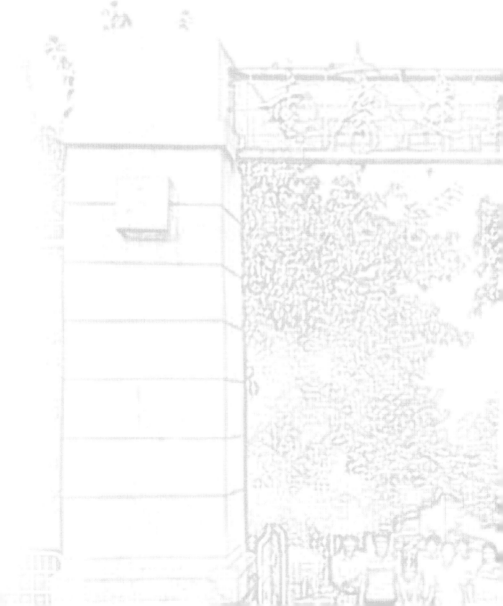

时候开学？

1929 年 8 月 21 日
距离重庆大学成立还有 52 天

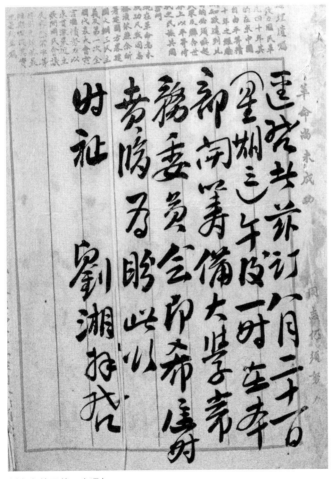

刘湘亲笔写的开会通知

要秋季开学
先办文、理预科班

1929 年 8 月 21 日，重庆大学筹备会第一次常务委员会议在二十一军军部书报室召开。会议对重庆大学的设科、校址及筹备分工等事项进行了讨论和议决。从 8 月 21 日至 9 月 18 日，重庆大学筹备委员会先后召开五次常务委员会，具体商讨了常务委员分工、开办日期、经费、校址、招生、聘请教员及图书、设备采购等事项。

关于重庆大学开办日期问题，会上对开办日期有急办与缓办的争论。李奎安说："重庆大学自民国十四年就开始提倡，迄今尚未成功。此次大家异常热心，继续努力，一气就可以哈成……在我意见，以今年秋季开学……"沈懋德认为："急办就要今年秋季始业，缓办就要明年秋季始业，经费、校舍、教员、学生都有办法，总以今年秋季始业为善。"

大多数委员认为，应先办预科班，尽快开学——筹办重庆大学已有数年之久，可是，始终没有行动起来，这次筹备大会已经开过，应该一鼓作气，力争今秋开学。鉴于开学时间紧迫，可以先办预科，以后再整顿充实，逐步发展。

少数人主张延缓开学时间——时间太短，教学质量不高，将浪费学生的宝贵时光，最好是明年（指1930年）春季或秋季开学为妥，如认为："大学的缓急要以事务之繁简为转移，凡是大学要具备几个条件，就是经费、人材、校址都有把握，就可以马上开学，否则从缓……在本地读大学都是寒家子弟，将来升学想必亦是就地升学，我们变通办理，改为春季始业，亦无不可。"

最后，在多数人赞同下，决定抓紧筹备工作，在一月内开学，先办文、理预科两班。

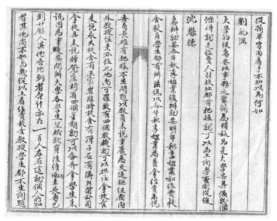

重庆大学筹备会常务委员会会议记录档案（局部）

"四股"分工明确
为开学做准备

关于常务委员分工问题，决定在常务委员会下分设四股，各常委分属一股办理开学事务：

（一）总务股：办理文书、行政及不属于他股之事项，由李公度、刘著存、潘仲三分任之；

（二）设计股：办理临时校舍、校具及其他设备之事项，由杨芳龄、李奎安、温少鹤分任之；

（三）经费股：筹划开办费、经常费及经费收入、支出、保管之事项，由甘典夔（绩镛）、刘航琛、汪云松分任之；

（四）校务股：办理招生、物色教师、排定课程及属于校务之一切事项，由朱叔痴（之洪）、吕子方、沈懋德分任之。

会议决定先办文理预科，经费暂定三万元，校址拟设在弹子石有邻火柴公司。

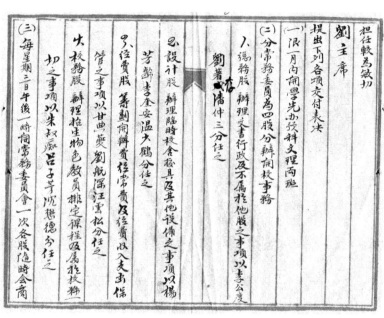

擔任較為妥切

劉主席

提出下列各項交付表決

（二）分常務委員為四股分辦開校事務

（一）限一月內開學先辦預科文理兩班

八、德務股 辦理文書行政及不屬於他股之事項以李公度

劉著□□潘仲三分任之

忿設計股 辦理臨時校舍寢具及其他設備之事項以楊
芳齡李奎安溫大鶴分任之

弖经费股 筹劃開辦费经常费及经费收入支出事係
管之事項以甘典夔劉航溟汪雪松分任之

失校務股 辦理招生物色教員排定課程及屬於校務一
切之事項以朱叔癡呂子芊沈慧德分任之

（三）每星期三日午後一時開常務委員會一次各股隨時会商

重庆大学筹备会常务委员会会议记录档案（局部）

人才观！

1929年8月28日
距重庆大学成立还有45天

8月28日，重庆大学筹备会常务委员会第二次会议召开，研究确定永久校址，审议通过《重庆大学宣言》。

在弯绕盘旋的山城，是如何选定校址的？距开学不到两个月，经费和图书从哪来？振奋人心的《重庆大学宣言》究竟写了什么？

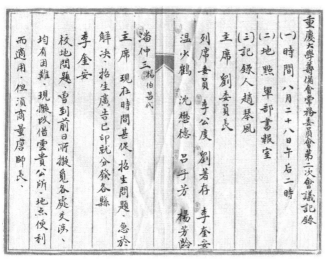

重庆大学筹备会常务委员会第二次会议记录档案

永久校址选在哪？
"环山带水，风景极佳，正是读书胜地"

刘湘应允在辖区内精心挑选一个山清水秀、风景宜人、交通便利、适于建校的地点，作为重庆大学永久校址。

王家沱（弹子石有邻火柴公司）起初被选中，但筹备委员们并不十分中意。之后，温少鹤自备汽艇，约集李公度、朱叔痴、沈懋德、吕子方、彭用仪等上溯两江，沿途查勘，最后选中了沙坪坝。该地一望平川沃野，阡陌交错，松柏掩映，头依浮屠，面临嘉陵，景色宜人。于是，同行委员众口同声，一致赞成沙坪坝可作永久校址。

在第二次常务委员会议上，与会委员首先讨论了临时校址问题，提出借用云贵公所或南城坪刘姓大房。选取沙坪坝作为永久校址问题由李奎安正式提出讨论，会上多数委员认为，沙坪坝虽不是市中心区，但相隔也仅二十华里，水陆交通尚称便利，且环山带水，风景极佳，正是读书胜地。[1] 最终刘湘决定永久校址定在沙坪坝。

[1] 重庆大学校史编写组编《重庆大学校史·上册（1929.10—1949.11）》，1984，第7-8页。

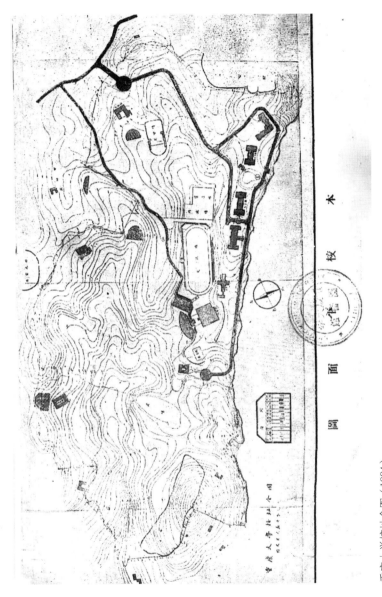

重庆大学校址全图（1934）

开学所需经费、图书、仪器怎么办？

此外，关于办学经费问题，李公度提议在肉税中增加附加税解决，预计全年可收入四万元以上，作为重庆大学经费主要来源。

关于图书、仪器问题，沈懋德提议借筹委会常委、重庆商会会长李奎安赴上海之机，委托购买图书资料和必需之教科书，以及理科所用之实验仪器等。

建校之初，学校办学经费的主要来源是"肉税附加"。图为征收"肉税附加"公函。

"谨用宣言，略陈意旨"

会上，筹委会正式通过《重庆大学宣言》（以下简称《重大宣言》）。《重大宣言》是建校筹备过程中的另一份重要文献。《重大宣言》深刻论述了在重庆创办第一所大学的现实必要，阐明了创办重庆大学对人才培养、民族复兴的深远意义以及创校先贤们脚踏实地、执着追求、功成不必在我的赤子情怀，更重要的是，向世人宣告了重庆大学的"人才观"！全篇宣言关于人才重要性的阐述贯穿全文，开篇即讲"……是诸所作，皆枝节也，根本建设，厥在人才……"；其中，师生校友较为熟悉的"人类之文野，国家之理乱，悉以人才为其主要之因。必人才日出，然后事业日新，必事业日新，然后生机永畅。世界所以进化无疆，国家所以长存不敝，胥赖于此"就出自于此。

《重大宣言》手稿为文言文，繁体字。为便于理解，编者和相关专家对《重大宣言》内容进行了考证，并进行了句读。《重大宣言》原文和经编者翻译后的现代汉语版如下。

重慶大學宣言

重慶議辦大學校今數年矣蓋以軍事迭興未遑

切實籌備今民國十六年偵徂俊完成之後國家力謀

建設劉甫澄軍長駐節重慶滋久於茲商埠之建築市

政之設置市場之新闢監獄之改造圓既次第興作

規模宏遠矣顧常自視歉於是諸所作皆枝節也

根本建設厥在人才之深造端資最高學府

因於今年夏微諸省內外大學教授為重慶大學

之設計先為文理兩預科次及工商理醫諸正科分年

遞進視可推行乃延致同人等數十百人聚集會議

成立重慶大學籌備委員會舉凡經費之籌措教

授之延聘校址學舍之建築圖書器具之設備皆

畋集思廣益議浮大綱然後指定同心分股負限

于一定期內籌備完成經始夏徂迄於秋忠分別部居

俾就條理而吾重慶大學於以實見有成謹用宣言

曉陳意旨

1929年《重庆大学宣言》手稿（局部）

重庆大学宣言

（原文）

重庆议办大学于今数年矣，属以军事迭兴，未遑切实筹备。今民国十八年，值北伐完成之后，国家力谋建设，刘甫澄军长驻节重庆滋久，于商埠之建筑，市政之设置，市场之新辟，监狱之改造，固既次第兴作，规模宏远矣。顾常自视欿然，曰：是诸所作，皆枝节也，根本建设，厥在人才，人才之深造，端资最高学府。因于今年夏徵请省内外大学教授为重庆大学之设计，先办文理两预科，次办工商理医诸正科，分年递进，视可推行。乃延致同人等数十百人，聚集会议，成立重庆大学筹备委员会。举凡经费之筹措，教授之延聘，校址学舍之建筑，图书器具之设备，皆既集思广益，议得大体，然后指定同人，分股负责，限于一定期内筹备完成。经始夏至，迄于秋中，分别部居，俾就条理，而吾重庆大学于以实见有日。谨用宣言，略陈意旨。

吾川由师大分化而有成都大学，其确定在民十五年。当时聚商各军，主持成立者，仍即今甫澄军长。顾全川百四十六县，几于县有中学，县岁毕业，至少以十数人计，即一年内当有二千以上须升学之中学生。成都可升之校，每苦不能悉纳。且川东各县，距成都远者二千里而遥，水陆间阻，往返艰难。东下宁沪，北上平津，则省外生活奇昂，资斧更不容易，以是中学毕业，东西顾望，怆然辍学者，不知凡几。故自川东言，如只主持设立成大，而不筹设重庆大学，则是当局之偏也。自全川言，如谓成都设有大学已足，不必再设重庆大学，则是川人之陋也。

重庆外受江汉委输，内作川康绾毂，北通关陕，南达黔中，商货殷阗，华洋萃集。又两江滨带，蒸汽易施，大小工厂，岁月兴立。如使工商两业缺乏专门人才，则操奇计赢，不足与外人竞进，技师工匠，亦必向远方徵求，财贿外流，大利坐丧。如于重庆大学设置工商理科，数年之后，阛阓必多通才，制作必臻美利。盖商场工厂触目即是，实地练习功倍可期。而一埠之中，忽有此最高学府，增多数十大学教授，聚集数百专科学生，大足供工商业之参稽，资其借镜，备厥顾问，于以增进本埠之繁荣，拓殖西南之福利，其为关系又至重钜也。

抑有进者，人类之文野，国家之理乱，悉以人才为其主要之因。必人才日出，然后事业日新，必事业日新，然后生机永畅。世界所以进化无疆，国家所以长存不敝，胥赖于此。使世无须才，则虽洪荒草昧，终古不开可也。使国无须才，则虽偋国羽民，逮今不灭可也。故昔之言国者曰，乌合之众不足当技击之士，技击之士不足当节制之师。今之言国者曰，野蛮之民不足当半开化之邦，半开化之邦不足当文明全盛之国。今察欧美各邦，疆域或小于我，人民或少于我，而入其国境，大学林立。即以吾川论，广土众民，西驾德意，东媲日本，而惟省会始有大学，其他各省尚有并一大学而无之者，以此而求国际平等，抗拒侵略，我实不竞，于人何尤。且中学毕业，难言成才，如遂听其废阁，则沈珠于水，薶玉于璞，弃宝实乡。若国家地方之事，尽以此未成熟之才为之，复无多数智术高深德性坚定之士为之指导，则直贼夫人之子，兼害于尔家，凶于尔国。今日现象已呈如此，凡具深识，能无隐忧？友邦人士，既告我矣，曰：今日中国所最缺乏者，为领导人才。苟不河汉斯言，则筹设重庆大学，以树西南风声者，尤为不可以已也。

同人本上意旨，筹备重庆大学，用是虽炎蒸溽暑，不敢惮劳，虽分年递进，不敢自缓。或谓大学须有最优裕之经费，最完满之设置，而后可冀成功。事求美备，敢曰不然，顾就今日吾川景象及质力言之，必俟库有余财，时有余暇，而后从容以言作育，偃仰以事絃歌，则俟河之清，知将何日。故不计久远之成功，惟是当前之戮力，不期一驾之企及，惟是十驾之不休。有其举之，莫敢替也，来者好善，又过其初。故即我图厥始，而人维其终，视空言坐论，犹为得半之道。矧爱惜成事，人同此心，同人等既供奔走于先，定自鞭策于后。惟是心期宏大，作始也简，欲免疏陋，竭蹶未能所愿，邦人君子，本督促之盛心，作高明之指导，俾克按分年之设计，完继续之程功。庶吾川成渝两处大学并立西东，齐辉竟爽，西南人才渊薮，国家百年大计，实利赖之。

述旨略竟，伏乞垂察。

重庆大学筹备委员会启

重庆大学宣言
（直译为现代汉语）

重庆商议创办大学至今已有数年，多次因为战事耽搁，未能落实筹备工作。现在已是民国十八年（1929），正值北伐完成，国家力谋建设之际，刘甫澄军长驻重庆已久，在商埠建设、市政设置、市场拓展、监狱改造等方面都逐步推进，规模和发展势头非常好。但刘军长却常常自感不足，认为以上发展都是细枝末节，根本性的建设应当是人才培养，而造就人才终究要依靠高等学府。为此，今年夏天专门向省内外知名的大学教授征求了关于重庆大学筹备与建设的方案，计划先办文、理两预科，而后再办工、商、理、医等正科，每年逐步推进，根据实际条件实施。所以，现在我们邀请了一批志同道合之士，召开会议研讨成立重庆大学筹备委员会。诸如经费筹措、教授聘请、校址选择与校舍建设、图书设备购置等具体问题都集思广益，达成了总体上一致的意见后，再指定同仁各自负责有关事项，限于一定期限内完成。经夏至秋，筹办事务分门别类，已初步理清头绪，我们重庆大学正式创立指日可待。谨以此宣言，略述创校宗旨。

四川由高等师范学堂分化而成立成都大学是在民国十五年（1926）。当时召集各方商议并主持成立的也是刘甫澄军长。放眼全川一百四十六县，几乎每县都有中学，每年中学都有学生毕业，至少也有十几人，因此一年内应该有两千以上需要升学的中学生。成都能够就读的学校，经常苦于不能全部接收。而且川东地区各县，距离成都最远的有两千多里，两地间水陆交通阻隔，往返艰难。如果往东顺江而到南京、上海，往北到北平、天津，则又会有高昂的省外旅费和生活开销。所以中学毕业，左右寻找升学机会，最终伤心失望而辍学的人不知道有多少。从川东而言，如果只设立成都大学而不设立重庆大学，则当局考虑有失周全；从整个四川而言，如果认为只设立成都大学就已足够而不需再设立重庆大学，则是我们川人的浅陋。

重庆是连接四川内地与江汉地区的物资运送要道，向内与川内其他地区及西康地区如车之轮毂密不可分，往北通往陕西，向南抵达贵州，商业流通都非常繁盛，中外货物汇集于此。而且重庆两江环绕，轮船交通便捷，大小工厂不断兴建。如果工商两业缺乏人才，则很可能出现本地商人囤积居奇，垄断市场，缺乏与外界的竞争力，技师工匠这类人才都得向远方征求，这样只会造成财富外流，因小失大。如果在重庆大学设置工、商、理科，几年之后，本地必定会涌现更多的实用通才，生产制作的商品更加完美。重庆的商场工厂随处可见，学生可以就地实习，事半功倍。而且一城之中，一旦有了这样一所最高学府，就会增加几十位大学教授，聚集几百位有专业知识的学生，完全能够为工商界提供咨询服务，出谋划策。从增加城市繁荣、拓展西南地区的福利这个层面而言，重庆大学的设立至关重要。

更进一步讲，人类的文明与野蛮、国家的治理与动乱，都取决于人才这个主要因素。只有人才不断涌现，事业才会蒸蒸日上；只有事业蒸蒸日上，才可以永葆勃勃生机。世界之所以不断进化，国家之所以长盛不衰，都是依靠人才。假使这个世界没有人才，洪荒草昧的状态将永远不会开化；假使一个国家没有人才，到现在也将保持着原始的状态。对国家而言，过去讲乌合之众是无法和武装的士兵相抗衡的，武装的士兵又是无法和统一指挥的军队相抗衡的；今天讲野蛮的国民是不能和半开化的国家抗衡的，半开化的国家又是无法和文明兴盛的国家抗衡的。我们审视今天的欧美各国，有的疆域小于我国，有的人口少于我国，然而在这些国家大学林立。即便以我们四川而论，人口众多，土地广袤，在人口和疆域这方面比得过西方的德国、意大利和东方的日本，但四川却只有省会才设立大学，其他各省还有一所大学都没有的，以这种状态来追求国际平等，抗拒侵略，我们确实竞争力不足，不要只怪别人。中学毕业很难成才，如果完全听任其荒废不前，则如沉珠于水，埋玉于石，把珍宝弃置于荒郊乡野。倘若国家地方的治理，尽由这些未成熟的人才担当，再加上没有多少德才兼备的有识之士为他们指引，这简直就是误人子弟，也会危害国家。今日已经出现这种现象，只要长远思考，哪能看不到隐藏的忧患？友邦人士已经告诉我们这一点，他们说今天的中国最缺乏的是领导人才。如果认为这些不是夸大其词，则筹设重庆大学，在西南树立一面旗帜，就是一件不可不办的事。

同仁们基于以上考虑筹备重庆大学，即便炎热酷暑，也不敢不尽力；即便是分年逐步实施，也不敢有松懈的心理。有人说，大学需要有充裕的经费、齐全的设施设备，才有成功举办的希望。万事俱备再启动肯定没错，但就今天四川的境况和实力来看，如果必须等到财政有余钱，时间够充裕，这些条件都具备后才开始慢慢地、从容地商谈推进教育，这就如同要等黄河之水变清澈，遥遥无期。因此现在不要过于考虑久远之后的成功，只管当下付出努力，也不要期望短时间内就能实现我们的目标，做好长期坚持、锲而不舍的准备。只要有可能就努力推动，不要随意改变初衷，大家聚集一堂都是带着良好愿望，这状况比之前已经好过许多。人应当追求善始善终，空谈坐论成不了事。况且大家都希望能把事情办成，人人都是这个愿望，既然已经在之前就为之奔忙许久，也应当在后续积极推动。只是所期望的目标宏大，但起步的条件有限，为避免因疏漏造成虽竭尽全力但事与愿违的局面，希望父老贤达本着督促的热心，作高明的指导，使办校之事能够按照分年计划，持续推进完成。但愿我四川成渝两处大学能够并立西东、交相辉映，西南地区人才的源泉、国家百年的大计，实际上就取决于此。

建校初衷大概就是这些，敬请查阅。

重庆大学筹备委员会启

好奇，九十多年前重

新生开学上什么课？

1929 年 9 月 4 日
距重庆大学成立还有 38 天

9月4日，重庆大学筹备会常务委员会第三次会议召开，会议就临时校舍、学科设置、教员延聘等问题进行了讨论。

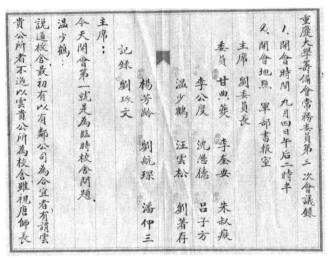

重庆大学筹备会常务委员会第三次会议记录档案

临时借住校舍，加紧修缮

秋季开学在即，时间紧迫，临时校舍的问题必须首先解决。筹备委员们经过积极寻找，反复讨论，最初将校舍定在南城坪刘姓大房，后又觉不妥，决定暂借菜园坝杨家花园进行办学。当时，该处驻有二十一军马队，军长刘湘责成马队迁出，整修房屋，用备开学。[1]

[1] 重庆大学校史编写组编《重庆大学校史·上册（1929.10—1949.11）》，1984，第13页。

建校初期菜园坝杨家花园学生宿舍

文理预科，双管齐下

关于专业设置，会议决定先办文、理预科两班。预科先办三年，待毕业后应即开办本科，设置文、理、工、商四科。

筹备大会召开前后，社会各界人士对创办重庆大学以及专业设置等问题纷纷发表意见，《大中华日报》还为此发表社论。当时，舆论界一致认为，在西南重镇、四川的商业中心重庆，创办一所最高学府，实属迫切需要，重庆大学开设文、理预科欠妥。比如，有观点认为要建设必须培养建设人才，培养建设人才，首要的是培养各种科技专业人才；要振兴中华，抵御外力侵略，必须培养各类经济建设人才；又如在专业设置上，成渝两地大学应有所区别和分工。既然成都大学注重文理，重庆大学就应注重工商。[2]

[2] 重庆大学校史编写组编《重庆大学校史·上册（1929.10—1949.11）》，1984，第10-11页。

针对当时社会舆论的反对意见，沈懋德说："殊不知我们现在办的是预科，对于建设工商等科学是本科讲授的科学，所以，我们办预科当然不能设本科学科。"杨芳龄表示：重庆大学先办文理预科的原因请刘湘委员长召集新闻记者说明缘由。

杨芳龄：
最好以專聘者稱講師，住鐘點者稱副教授，以免舊
學先生在這名義上的爭執。

沈懋德：
對於英文一科，可聘一外國教師，以糾正聲音。

沈懋德：
教職員薪水及一切雜支，就現在預算，每期以七
萬八千元全年三萬六為準。

楊芳齡：
現在為開辦之始，新預算誠恐有不能預算者，
可照預算數增加十分之一所有增加之數作為
預備費或臨時特別費。

主席：
對於經費問題，那末每年可預定為四萬元。

重庆大学筹备会常务委员会第三次会议记录档案（局部）

全年运行经费 4 万元保证教员待遇

对于各科教员的聘任，杨芳龄推荐刘道尹（即刘著存）担任国文教员，保定军校毕业的袁筱如（刘湘部下，二十一军独立旅旅长）担任军事教育教官，又建议在英文学习外安排德文课程。沈懋德提议聘任外籍教员，以便纠正学生发音。

关于教员的薪资问题，会议决定依照教职员薪水和各项支出预算每学期经费一万八千元，全年三万六千元。考虑到学校初创，特增加预备费或临时特别费，最终确定全年经费为四万元，以后再逐年增加。会议决定从办预科需要出发，主要聘请副教授和讲师，按照成都大学和中央大学的标准，发放薪水。

聘用首批教员　预科班课程设置完备

刘湘批准《本学年教员姓名及其担任学科表》，筹备会着手聘任重庆大学首批教职员，其中不乏教育界知名人士。拟以沈懋德任教务长，吕子方任斋务长，杨芳龄任事务长，彭用仪任图书馆主任，梅黍雨[3]、文伯鲁、张筱门[4]、沈起予[5]等承担各课教学。[6]

（一）课程设置及教员

《国文》：梅黍雨（梅际郁）　刘著存　文伯鲁

《英文法》：杨芳龄

《博物》《英读本》课外指导：邓达先[7]

[3] 重庆市渝中区人民政府地方志编撰委员会编撰《重庆市市中区志》，重庆出版社，1997，第764页。

[4] 张筱门，曾任巴县教育局长、巴县中学校长。兰祥仁：《在全善中学的日日夜夜》，载中国人民政治协商会议四川省巴县委员会文史资料委员会编《巴县文史资料·第六辑》，1989，第28页。

[5] 沈起予，四川巴县人、作家、文学翻译家。马洪武、王德宝、孙其明主编《中国近现代史名人辞典》，档案出版社，1993，第322页。

[6] 重庆大学校史编写组编《重庆大学校史·上册（1929.10—1949.11）》，1984，第16页。

[7] 邓达先，璧山人，曾就读于求精中学、复旦大学、芝加哥艺术学院，后任成都大学讲师。《邓君达先来函》，载《道路月刊》，1924年，第8卷第3期，第86页；《图画时报》，1928年，第427期，第1页；党跃武主编《张澜与四川大学（上）》，四川大学出版社，2013，第208页。其中，"邓达光"应为"邓达先"，系识别错误。

聘请张筱门为重庆大学讲师的聘函栏

《历史地理》：张筱门

《中国史》：童文琴[8]

《经通珠算》《商通珠算》：沈月书[9]

《数学物理》：吕子方　沈懋德

《数学》：冯陶钧[10]

《化学》：彭用仪　李伯谐[11]

《英语语音学》：西人（外教，尚未聘定）

《军事体育》：郭翼之[12]

（二）职务安排：

教务长（主管教学）：沈懋德

事务长（主管行政）：杨芳龄

斋务长（主管后勤）：吕子方

秘书：王育三[13]

[8] 童文琴，又名童宪章，巴县人，曾于日本高级师范学校深造，后任重庆第二女子师范学校校长。重庆市渝中区人民政府地方志编纂委员会编撰《重庆市市中区志》，重庆出版社，1997，第795页。

[9] 沈月书，巴县人，毕业于东京商科大学，曾任成都大学经济学教授。党跃武主编《张澜与四川大学（上）》，四川大学出版社，2013，第205页。

[10] 冯陶钧，又名冯学宗，巴县虎溪乡人，1919年毕业于重庆联中，后赴比利时沙勒罗瓦劳动大学、巴黎电力与机械专业学校学习。四川省巴县志编纂委员会编撰《巴县志》，重庆出版社，1994，第738页。

[11] 李伯谐，后任注册课主任。《关于核发李叔君、李昭奎等委状致李伯谐的函》，重庆大学档案馆，档案0120-0001-001240000。

[12] 郭翼之，原名郭洪清，又名郭勋祺，四川华阳人，潘文华之部下，川军爱国将领。四川省双流县志编纂委员会编纂《双流县志》，四川人民出版社，1992，第887页。

[13] 王育三，又名王世隆，曾在二十一军中担任秘书，建校初期之文件大多出自其手。《关于聘用王育三为重庆大学秘书致重庆大学秘书处的函》，重庆大学档案馆，档案0120-0001-001240000。

第一批教员
他们才是重大人要追的星

沈懋德，重庆大学创始人之一，1894 年出生于巴县一品场，12 岁考入重庆府中学堂，受杨庶堪、张培爵、向楚等影响，思想进步，崇尚革新，后加入同盟会。1914 年，他凭官费东渡日本，先后考入东京高等工业学校、东京帝国大学物理系，专攻物理、天文，创制出天体仪，创绘了恒星运转图，并于 1923 年以优异成绩毕业归国，曾先后任职于湖北武昌高等师范学堂与成都大学。1928 年，以沈懋德为首的川东籍教授感于时势，以发展教育、造福桑梓为己任，在向成都大学校长张澜建议在渝设立分校未果后，遍访重庆地方名流，晓以创办大学之必要，并推动了重庆大学促进会及成都分会的成立。1929 年，沈懋德为重庆大学的开办不遗余力，并担任首任教务长。1932 年 5 月，因过度劳累，积劳成疾，病逝任中，年仅 37 岁，留有遗著《气象学》《大气温度》。

《大气温度》　沈懋德译　商务印书馆
1935 年出版

吕子方，重庆市沙坪坝人，教育家，著名教授学者，中国科技史专家，重庆大学创始人之一。他先后留学日本、英国等国著名大学，专攻数学、物理和天文等学科，对中国科技史研究造诣很深，被国际著名学者李·约瑟誉为"研究中国古代科技史的学者中具有真知灼见的突出科学家"。1929年参与筹建重庆大学，任重庆大学筹备委员会常务委员、董事会委员、斋务长、训导长、教务长、理科主任等职，吕教授在教学之余，潜心研究，有遗著30余种，涉及天文、历法、力学、声学、气象、地震、数学、考古、医学、生物等众多学科，重要的有《三统历历意及其数源》《读〈山海经〉杂记》《中国科学技术史论文集》。其特

点是发前人之所未发，见解独特，论证充足，著名数
学家、教育家何鲁称之为"能明古人之用心，使二千
年前之成绩，焕然一新，厥功甚伟"。

吕子方编　《中国科学技术史论文集（上下集）》　四川人民出版社1983年出版

杨芳龄，我国著名教育家，重庆大学创始人之一。
1894 年生于江西吉安，后全家迁居重庆。杨芳龄自幼
聪颖好学，由私塾考入广益书院，曾先后就读于上海
的圣约翰大学、英国的伯明翰大学，专攻教育学。归
国后在重庆广益中学任教，并任教务主任、校长（该
校首任华人校长）。

彭用仪，重庆人，重庆大学创始人之一。曾就读于天津北洋大学、德国埃尔兰根大学、慕尼黑大学研究院。1911 年就读重庆府中学堂。1914 年到上海入南洋中学，后进入复旦公学，1917 年考入天津北洋大学。五四运动时，积极参加活动，并派返四川联络宣传。1921 年由吴玉章指引，自费出国留学，先到法国，后到德国，在慕尼黑大学攻读化工。1927 年彭用仪回国，应张澜校长之请，到成都大学任化学教授，与其他几位成都大学任教的老友一起积极筹办重庆大学。重庆大学成立后，历任重庆大学化学系教授、系主任、代理校长等职，又兼任图书馆馆长。

梅际郇，字黍雨，四川巴县人，与兄梅际郁同中光绪
癸巳科（1893）举人。早年历主各书院、学校，兼为
史地经学、文学教师。1897年，任重庆历史上第一家
爱国报纸《渝报》的副主笔。先后在重庆体育学堂、
夔府中学堂、四川省立第一甲种商业学校任职。1916
年起，参加编辑《蜀中先烈备征录》，文情并茂，感
人至深。1928年，他受邀担任重庆大学筹备委员。

文伯鲁，重庆府巴县冷水场人，重庆大学创始人之一。任巴县中学监督（即校长）、夔府中学、重庆府中学堂教师、学监、重庆图书馆馆长、川东师范学堂校长、重庆大学筹备委员会委员、重庆大学教授等职，教书诲人，悉心传授，是享誉重庆乃至国内教育界的著名教育家。1928年重庆地方士绅和学者发起筹办重庆大学，文伯鲁为筹备委员。重庆大学成立后，他在学校执教多年。他不仅治学有方，教学尽责，而且十分爱惜人才，热心勉励后进，对成绩优秀而家境贫寒的学生，总是竭力资助，造就不少人才。

揭秘，九十多年

大招生考什么？

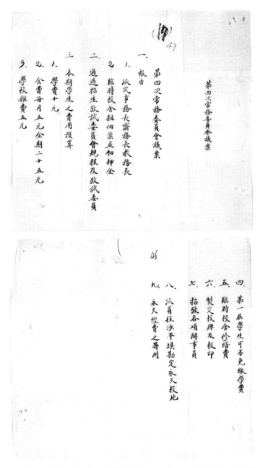

1929 年 9 月 11 日
距离重庆大学成立还有 31 天

重庆大学筹备会常务委员会第二至第五、第八次会议记录（商定重庆大学地址及借用校舍等事宜）

考多少分合格？
一年学费 70 元

9月11日，重庆大学筹备会常务委员会第四次会议在二十一军军部书报室召开，李公度代刘湘主持。会议主要讨论了考试委员分工、成绩合格标准、学生收费等问题。

关于考试和分工，沈懋德提议教育考试分监考、主考两种比较恰当，不用考监。关于成绩合格标准，杨芳龄认为大学分文理两科，数学、英文可以定为50分为及格；刘著存认为国文考试成绩应以60分为及格。

关于学生收费，杨芳龄报告学生书籍费为12元，衣服费24元，笔墨费14元，洗衣、剃头10元，纸张、零用10元，全年共70元。为了鼓励学生踊跃报考重庆大学，学校规定本期只缴书杂费34元，一律免交12元书籍费。

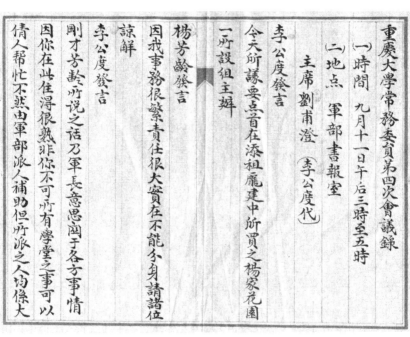

重慶大學常務委員第四次會議錄
(一)時間　九月十一日午后三時至五時
(二)地点　軍部書報室
　　主席　劉甫澄（李公度代）

李公度發言
今天所議要点在添租龐建中所買之楊家花園
一所設但主辦
李公度發言
諒解
因戎事務很繁責任很大實在不能分身請諸位
楊芳齡發言
剛才芳齡所说之话乃軍長意思關于各方事情
因你在此住得很熟非你不可所有學堂之事可以
倩人帮忙不然由軍部派人補助但所派之人均係大

重庆大学筹备会常务委员会第四次会议记录档案（局部）

第一次入学考试时间定了！

9月14日，重庆大学第一次校务会议在二十一军军部书报室召开。会议决定成立招生考试委员会，分别委任了主考委员和监考委员，同时确定了招生考试时间及开学准备的各事项。

会议议定主考委员有国文刘著存，英文杨芳龄、邓达先，数学吕子方、冯陶钧，理化沈懋德、彭用仪，博物邓达先，史地张筱门；监考委员有李公度、王育三、谢子厚[1]、马啸尘[2]。同时，会议决定了16、17两日为招生考试时间，考题须于15日下午5时前拟定提交，由出题人评阅试卷，后续的口试由刘湘决定主持人选，并规定同等学力者不能参加考试。

除了招考事宜，会议讨论了以下事项：图书、教科书、讲义由课程任职教师三日内列单交事务处、教务处办理；学生制服帽照规定式样由沈月书负责；校徽由邓达先绘制，事务长杨芳龄负责办理。

[1] 谢子厚，四川人，曾师从著名哲学家、思想家熊十力，佛教著名学者。德阳市市中区政协文史资料委员会编《德阳市市中区文史资料选辑（第四辑）》，1988，第74页；吴光主编《马一浮全集 第六册（上）附录》，浙江古籍出版社，2013，第199页。

[2] 马啸尘，二十一军政务处教育科长。李光岱：《省立女子职业学校琐忆》，载中国人民政治协商会议重庆市委员会学习及文史委员会编《重庆文史资料（第三十九辑）》，西南师范大学出版社，1997，第201页。

开学在即，两次招生考试录取新生

9月16、17日，重庆大学筹备会借用重庆机房街商业中学校，组织了第一次招生考试。

第一次考试日程

16日

数学　8:00—11:00

博物　11:00—13:00

国文　14:00—17:00

17日

英文　8:00—10:00

史地　10:00—12:00

理化　14:00—16:00

第一次招生考试，分别考核数学、博物、国文、英文、史地、理化。此次考试中，报名者有62人，参加者59人，最终成绩合格者27人。

重庆大学第一次校务会议记录档案（局部）

9月18日，重庆大学筹备会常务委员会第五次会议召开，李公度代刘湘主持。会议主要讨论了续招生、董事会产生、开学时间、成立宣言、课外指导等具体事项。会上，鉴于初次考试合格人数较少，有一些委员提出续招生时可以考虑招收同等学力者，但也有委员坚持不招收同等学力者，最终会议决定续招生维持原案不收同等学力者。

9月27日，重庆大学筹备委员会委员长刘湘致函招考委员会各成员，告知续招新生考试安排，准备进行第二次招生考试。考试形式包含笔试、口试，除应试答题外，考试委员通过即兴提问考察考生思想品行与兴趣志向、思维能力与语言表达，以寻求可塑之才。

第二次考试日程

28日

数学　8:00—11:00

博物　11:00—13:00

国文　14:00—17:00

29日

英文　8:00—10:00

史地　10:00—12:00

理化　13:00—15:00

30日

口试　9:00

前两日为笔试，上午连考两科，中午休息1小时，午后再考一科，首日考试长达8小时，翌日为6小时，考期安排紧凑。地点仍设在市内机房街商业中学校。

考试委员分主考与监考，笔试主考依次为沈懋德、吕子方、冯陶钧、彭用仪、沈月书、邓达先、刘著存、杨芳龄、文伯鲁；临场监考为李公度、谢子厚、马啸尘、王育三，主要由二十一军人员负责；口试主考为李公度、谢子厚、吕子方、沈懋德、沈月书、龙文治，涉及了政、学、思、教等方面。

经过两次招生考试，招生考试委员会共录取文、理预科两班学生四十五人，其中有胡正寰、张翔、刘静珉、范德懋、彭日新、谭凯、汪端本、罗元晖、谭泛舟、江涛、张益龄、吴汉皋、彭仲甫、沈士骝、李树华、卢履济、宴以宜、刘光银、邹泽华、程继靖、洪庆生、黄继宪、余锡光等。

10月12日，重庆大学在菜园坝杨家花园举行开课典礼，宣告成立。

1929 年 10 月 12 日重庆大学开课典礼

本文源于 1933 年编写的《重庆大学一览》。

重庆大学经过概略

本学校之建置缘于民国十五年成都全川善后会议议决案。十八年夏间,现任本校校长刘湘等在渝依据前案,发起筹备会。推定筹备委员会五十五人,以刘湘为主席,又推选常务委员十三人分组办事(总务组李公度、潘文华、刘著存,财务组甘绩镛、刘航琛、汪云松,设计组温少鹤、李奎安、杨芳龄,教务组朱叔痴、沈懋德、吕子方),制定组织大纲,请由政府拨款二万元为开办费,常年经费议在各县肉税项下附加,年计可得十余万元,校舍未建筑以前,暂租重庆市南区菜园坝民房及前某公司工场,改修先行开学,俟新校完成便即迁去。公推刘湘任校长,聘请沈懋德为教务主任,吕子方为斋务主任,杨芳龄为事务主任。考取文理两系预科学生两班,于十月始业。筹备会至此藏事,本校即于是成立。

十九年秋季，复考取预科新生文理各一班，是年加入美国费城自然科学院远东考察队，由校派专员前赴西康考察，采集各门标本二千余种，存列校中。二十年秋季，招收新生一班；二十一年秋季又招新生一班；合前共六班学生一百四十人，教师二十二人。在此两年之间，购置图书九千三百余册、仪器二万余元，多系刘校长捐赠，近复由刘校长以私人名义购赠仪器二万余元。此本校成立以后，校务进行之大略也。

二十年秋间，由刘校长商同巴县县长购定巴县西城里沙坪坝田业九百余亩，为建筑校舍地址；又由政府划拨三架坡地段八百方丈、浮图关苗圃四十亩、商业场铺房三所，以为学校经费之补助，是属固定之校产。

二十一年秋季，第一期文理预科两班毕业，应即接办本科，组织校董会成立各科学院，校事渐增繁穰，乃聘任甘绩镛为副校长，处理各务。先设文、理两学院，文学院长未至校前，暂由本院各系主任分负其责；理学院长聘何奎垣任之。文学院先成立中国文学系，理学院分设算数系、化学系两系。今年秋季预科学生又毕业两班，文学院因增设外国语系，理学院亦增物理学系，复依组织大纲规设农学院，院长聘刘伯量任之，现正加工建筑校舍，招考各系新生。此则校中最近情形。至全校组织大纲及各院各系规程分载后方，兹撮述梗概如右。

重慶大學經過概略

本學校之建設發於民國十五年成都全川善後會議議決案十八年夏間現任本校校長劉湘等在渝依據前案發起籌備會推定籌備委員五十五人以劉湘爲主席又推選常務委員十三人分組辦事總務組李公度潘文華劉著存財務組甘績鏞劉航琛汪雲松設計組沈懋德李奎安楊芳齡教務組朱叔癡沈懋德呂子方擬定組織大綱請由政府撥款二萬元爲開辦費常年經費就在各縣肉稅項下附加年計可得十餘萬元校舍未建築以前暫租重慶市南區菜園壩民房及前某公司工場改修先行開學俟新校完成便即遷去公推劉湘任校長聘請沈懋德爲教務主任呂子方爲齋務主任楊芳齡爲事務主任考取文理兩系預科學生兩班於十月始業籌備會至此蔵事本校即於是成立十九年秋季復考取預科新生文理各一班是年加入美國費城自然科學院遠東考查隊由校派專員前赴西康考察採集各門標本二千餘種存列校中二十年秋季招收新生一班二十一年秋季又招新生一班合前共六班學生一百四十人教師二十二人在此兩年之間購置圖書九千三百餘冊儀器二萬餘元多係劉校長捐贈近復由劉校長以私人名義購贈儀器二萬餘元此本校成立以後校務進行之大略也二十年秋間由劉校長商同巴縣縣長購定巴縣西城里沙坪壩田業九百餘畝爲建築校舍地址又由政府劃撥三聖坡地段八百方丈淨圖擴當[illegible]十畝爲農場鐵場三所以爲學校經費之補助是爲固定之校址二十一年秋季第一期文理預科兩班畢業即依據本科組織校董會成立各科學院校事漸增繁積乃聘任甘績鏞爲副校長組理各

重慶大學一覽　一

重慶大學經過概略　二

務先設文理兩學院文學院長未至校前暫由本院各系主任分負其責理學院長聘何魯擔任之文學院先成立中國文學系理學院分設算數系化學系兩系今年秋季預科學生又畢業兩班文學院因增設外國語系理學院亦增物理學系復依組織大綱規定農學院院長聘劉伯量任之現正加工建築校舍招攷各系新生此則校中最近情形至全校組織大綱及各院各系規程分載校後方茲撮述梗概如右

1933 年编写的《重庆大学一览》封面、扉页和部分页面

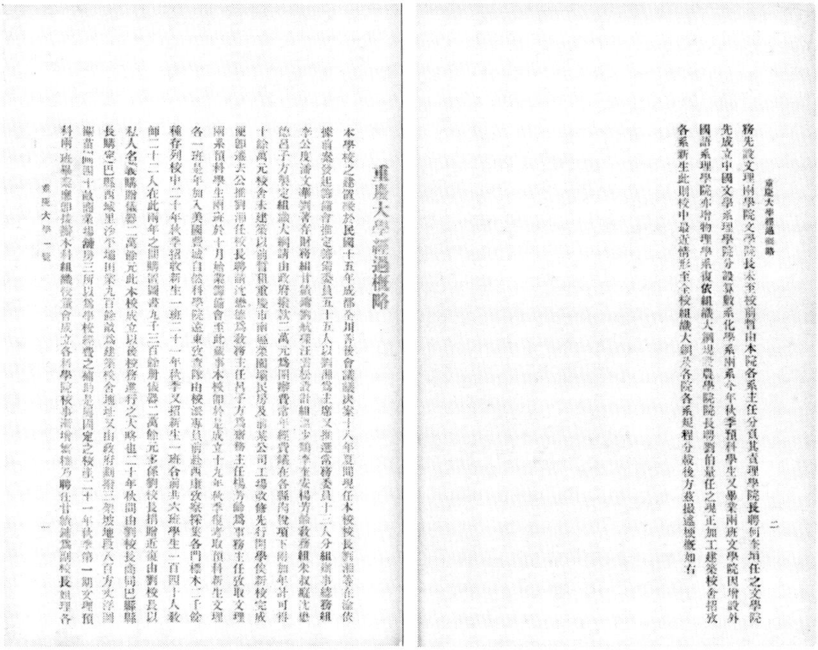

附录二

本文源于 1937 年编写的《四川省立重庆大学一览》。

重庆大学校史概略

本大学校史约分三时期，略述于次：一创始时期，二立案时期，三最近时期。

一、创始时期

本大学之建置，缘于民十五年秋，当轴召集全川硕彦，开善后会议于成都，佥以蜀疆辽阔，户口殷繁，尤以重庆为长江上游巨埠，人口约占四十五万，其附近纵横千里，无一最高学府，川中子弟欲求深造，不赴成都，则必远走平津京沪，所费当属不资，爰有于重庆创立大学之决议。

十八年夏，今主席刘君甫澄，于戎马倥偬之际，不忘前案，特召开筹备会于重庆，推筹备委员五十五人，并以刘君热心毅力，校长一职，即以推之。（刘君以事繁，托李君公度代理）由公家拨款为开办费，其经常费则征诸肉税附加，租屋于重庆市南区菜园坝为临时校舍。聘沈君懋德为教务主任，吕君子方为斋务主任，杨君芳龄为事务主任，招收文理预科生各一班。

二十一年夏计已招生六班，共一百四十人。会第一班预科生毕业，乃开办正科，旋因李君公度辞职，特聘甘君典夔为副校长，设文理两学院，聘何君奎垣为理学院长，段君调元为算学系主任，胡君叔平为化学系主任，周君君适为物理系主任，理院三系，遂以完成。文院先设中外文学两系，聘周癸叔，萧次修两君分任之，周君不欲久任繁剧旋谢去，更聘向君宗鲁为主任，并聘彭君用仪为图书馆主任，郑君献征为事务主任。

二十二年秋，增设农学院，初聘刘君伯量为院长，刘君以旧京尚有他职，不能兼顾，旋即北去，举蓝君梦九自代。

二十三年秋，蓝君辞职他去，算学系主任段君调元经广西大学函电交促，聘长理院，旋亦赴桂，嗣乃改聘李君乃尧为农业化学系主任，负筹备农院之责，算学系主任则聘郭君坚白任之。文院并增设史学系，聘祝君启怀为主任，而文院三系备矣。同时本校即由菜园坝迁入沙坪坝新建校舍，此地擅山水之胜，风景极佳，有地近千亩，地产及建筑物约值三十万元，设备约二十万元。文院计有中英文及史学三系，共七班。理院计有数学物理化学三系，共九班。农院有农业化学系共二班，学生共一百七十余人。

二、立案时期

二十四年春，川政同一，成立省府，教育厅厅长杨君全宇有将本校全部归并川大之议，四月间，湖南大学校长胡君春藻，以刘主席再三相邀，始允离湘来川就长重大之聘，以代理名义为之规划者凡二月。

同时教育部特派郭顾两专员来校视察，旋经报部核准立案，定名为省立，并经省府明令确定全川肉税附加为经常费，年可得五十万元。于时立案手续既告完成，经费问题亦已解决，复奉教部训令数项：一、该校先设理工两学院，俟经费充足时，得再添医学院。二、理学院数学物理两系，应即并为数理系。三、工学院设电机土木采冶三系，省立工学院学生并入该校。

四、该校体育场所，尚称完备，必要时得添设体育专修科。五、文农两院学生并入川大。六、该校原有学生，未曾报部备案，应一律由教厅举行甄别，呈部核定。

三、最近时期

二十五年六月，奉到国府铸发铜质校印暨校长官章各一颗，并经国府正式任命胡君春藻为本校校长。本年度，财厅为统筹统支起见，将原有肉税附加改为正税，复经省府确定本校经费，二十四年度为三十六万元，二十五年度为四十二万元，二十六年度为五十万元，理工两院，计已完成七系。聘段君调元为理学院长，税君西恒为工学院长（兼电机系主任），郭君坚白为数理系主任，胡君叔平为化学系主任，林君清之为地质系主任，傅君肖鸿为化工系主任（化工系乃二十五年度，就应用化学系改成者），罗君冠英为采冶系主任，刘君泰琛为土木系主任，并聘杨君公庶为教务长，余君子元为事务长，彭君用仪为图书馆长，赵君长洲为军训主任，又添设体育专修科，聘程君登科为主任，专修科并受省府委托开办师资训练班，招收曾任中小学校长之体育教员施以一年之严格训练，本学期杨君公庶因在四川盐业研究所工作，屡请辞职，本校念其改良川盐，关系綦重，故予给假半年。假期以内，所有教务长一职，聘请傅主任肖鸿兼代。

综计各院系科学生，除理工两院第一届毕业四十一人，均得相当工作外，更于暑期招收新生二百余人，有外省学生七十余人，全校共有学生三百三十人。

本校一年以来，恒以学术事业与各机关或团体取密切合作，如采冶系之与建设厅及西部科学院共同组织地质矿业调查委员会，本校教授及学生担任一部分之调查工作，寒假时在涪陵、石柱、綦江、南川调查，暑假时在酉、秀、黔、彭调查，所得地质矿产材料极富，土木系之赴乌江测量水力，到南温塘测量地形，以及水纹测量，化学系之代行营公安局及成渝铁路工程局化验盐、水、炭、毒品等皆其最著者。

本校现应各界人士之请求，拟于二十六年度起添设商学院，招收学生三班，内分工商管理、银行、会计三系，以供社会需要，现正向教部及省府请示，同时并开始筹备医学院，俾符教部前令，完成其原定之各项扩充计划。

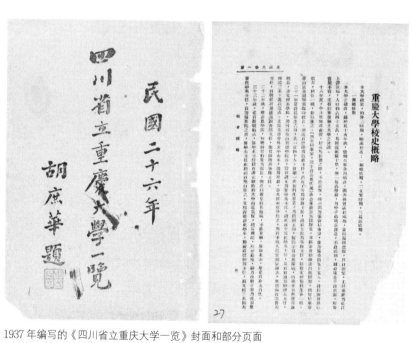

1937年编写的《四川省立重庆大学一览》封面和部分页面

重庆大学校歌及释义

1937 年编写的《四川省立重庆大学一览》关于校歌的记载

一、歌词

江汉思禹功，教化溯文翁。

学府宏开，济济隆隆。

考四海而为俊，障百川而之东。

研究科学，振兴医工。

启兹天府，积健为雄。

复兴民族兮，誓作前锋。

二、词曲作者

词作者胡庶华先生，生于 1886 年，湖南攸县人，1968
年在北京逝世。他是清朝末年的秀才，京师译学馆毕
业，1912 年公费留学德国，获铁冶金博士。1922 年回
国，先后担任湖南公立工业专门学校教授、事务主任，
武昌大学教授、代校长，江苏省教育厅厅长，同济大
学、湖南大学、重庆大学、西北大学等大学校长。
1929 年当选为中国工程师学会会长。1935 年 8 月至
1938 年 7 月任重庆大学校长。

曲作者许可经先生，1904年9月出生，四川三台人，音乐教育家、作曲家、中国音乐高等教育先驱者，1936年任重庆大学教育系副教授。

三、歌词注释

校歌歌词作于1936年，共55字，概括了重庆大学的文化渊源、办学思想和目标愿景，和"研究学术、造就人才、佑启乡邦、振导社会"的创校宣言一脉相承，是这一办学理念的诠释与延展。这首八十多年前创作的校歌，是一首高唱爱国主义的校歌，是一首立足巴蜀、面向全国、放眼世界的校歌。

"江汉思禹功"指治水要追忆大禹的功绩。语出禹王庙碑文。在武汉龟山东麓有一地名为"禹功矶"，此地建有"禹稷行宫"，其中的碑文记有"以寄禹功之思"。"江汉"指长江、汉江，这里泛指大禹治水的地方。"教化溯文翁"指公办学校教育的起源要追溯到文翁。歌词开头写大禹和文翁，是因为这两位均与巴蜀相关。据考，大禹是四川川北人，且其妻涂山氏相传为重庆人。《后汉书》记载："巴国也，有涂山，禹娶涂山"，巴国即重庆一带，现重庆南山建有涂山寺，立有涂山氏雕像。文翁是西汉蜀郡守、古教育学家，公学始祖，在成都兴"石室"，办地方"官学"，首开公办学校之先河。校歌以两位巴蜀本土人物开头，意欲表达巴蜀大地是一个人杰地灵的地方。同时，这里面还潜藏着一层意思，从某种意义上讲，前句"治水"与后句"教化"有相通之处，都重在"引导"。大禹治水通过疏通河道把各种河流都引导到奔江入海，教化通过引导把各类学生都塑造成材，后面歌词中"障百川而之东"就是用治水来比喻教育。所以，歌词首句"江汉思禹功，教化溯文翁"一方面是在谈重庆大学所在的巴蜀大地人杰地灵，另一方面也都指向教育，表达巴蜀大地是善于引导、首创学校、重视教育之地。

"学府宏开，济济隆隆"表示重庆大学的开办意义重大、影响深远。济济，众多的样子，形容有才能的人很多；隆隆，形容气势宏大。

"考四海而为俊"指重庆大学把从五湖四海选拔出来的学生都培养为才俊。语出西晋左思的《三都赋·蜀都赋》中的"考四海而为儁，当中叶而擅名"，但意思不同。考，即考察、考核，这里可引申为选拔。"障百川而之东"指把纵横奔流的各种河流通过疏通河道引导成同一方向，东流入海，这里用来比喻遵循教育规律引导和培养各类学生成为国家栋梁之材。语出韩愈的《进学解》中的"障百川而东之，回狂澜于既倒"。障，即遮挡、阻隔，这里引申为引导。

"启兹天府，积健为雄"，其中"兹"为指示代词，此、这里之意。"启"有开发、开拓之意，也有萌芽、开始之意，这里具体作何理解，可先看后句"积健为雄"。"积健为雄"出自唐代司空图的《二十四诗品》，原文是"大用外腓，真体内充。反虚入浑，积健为雄"，指诗文要内涵充实才能够外显浩大；后来此词也用来指平日累积锻炼，成就强健的体魄；其后又进一步引申为日积月累，奋斗不止，逐步发展壮大，此处歌词即为此意。结合"积健为雄"这层意思，回头再看"启兹天府"，就很容易理解到这里"启"应为萌芽、开始之意。"启兹天府，积健为雄"即指重庆大学起源和立足于天府之国，通过代代重大人的不懈奋斗，必定会不断发展壮大，成为实力雄厚的大学。

综上所述，歌词表达的大意为：疏通河道、引百川入海的第一人是巴蜀的大禹，开办公学、引学子成才的第一人是巴蜀的文翁，在巴蜀这块人杰地灵、注重引导、重视教育的热土上，重庆大学的开办意义重大、影响深远。我们把从五湖四海选拔出来的学生都培养为青年才俊，把不同类型的学生用适合他们的教育方式都造就为栋梁之材。我们矢志研究科学，振兴医工。我们立足于天府之国，通过不懈奋斗，必定会不断发展壮大，成为实力雄厚的大学。我们重大人立誓，要做复兴中华民族的开路先锋！

附录四

重庆大学饶家院的故事

饶家院的故事要从创建重庆大学讲起。

近代以来，时局激荡，大国崛起急需新知，华夏图强
渴盼栋梁。1926 年在四川善后会议上，为解川东学子
深造无门之急，决定创办重庆大学。后因种种原因延
迟，直到 1929 年 7 月由川军首领刘湘主持成立重庆大
学筹备委员会，快速推进创建重庆大学之事。1929 年
10 月 12 日重庆大学举行开学典礼，正式宣告成立，借
用刘湘的马队驻地菜园坝杨家花园作临时校舍。为选
定永久校址，筹委们乘汽艇从朝天门溯嘉陵江而上，
在中渡口停泊后走上松林坡，只见沙坪坝上沃野平川、
依山滨江、阡陌交接、景色宜人。该处距城只有 20 华
里，而且平整的田野正中，还有一座林木围绕、粉墙
黛瓦、屋舍俨然的深宅大院。

筹委们一致公认这里是多天来看过的最理想的永久校址。经丈量面积五万多方丈，占地九百亩，为饶、刘两家所有，那粉墙黛瓦的大院就是饶家院。当时这块地按市价共需一万五千两银子，筹委会募集的资金还不到一半。饶家和刘家为支持兴办教育，以市场价近一半的价格签订了出让合同。校方聘请英国建筑工程师莫里逊承包工程，刘湘下令征收肉税附加税作为重庆大学的开办经费，这样西南最高学府在沙坪坝动工了。

饶家院这个院子始建于咸丰年间（1860），是一座三重院落的四合院，每重都有天井，三进院落层层递进，古色古香，雕梁画栋。大院坐北朝南，北临嘉陵江滨，左右逢高地，大门前石栏围绕一泓池水，雍容大气。据史籍记载，饶家院老主人饶冕南与幼子饶道源是光绪二十八年（1902）的同榜举人，重庆科举史上传为美谈。那时饶家还在城里苍坪街租房子。后来，饶冕南任四川省立第二女子师范学校校长，饶道源担任四川法政学校校长，饶家这才时来运转，父子俩来到城西红庙子（沙坪坝），买下并扩建成这座举人大院——饶家院。

重庆大学定下永久校址后，首先开工建设的是理学院大楼（即第一教学楼）等工程，饶家院就成了基建工程指挥部的驻地。1933年重庆大学正式迁入沙坪坝，此后李四光、马寅初、冯简、吴宓、潘序伦、何鲁、吴冠中、艾芜等一大批享誉国内外的专家、学者、教授先后受聘重庆大学，饶家院又成为校部和第一批教授们的宿舍，留下许多大师名人和风云人物的足迹。二十世纪三四十年代，国学大师张圣奘作为重庆大学教务长，与同住大院的美术大师徐悲鸿都喜画马，常"一盏香茗聊画马"而深交。徐悲鸿婚变与前妻蒋碧薇的离婚仪式1945年12月31日就在张圣奘位于饶家院的家中举行，在场还有大律师沈钧儒、吕斯百。诺奖得主丁肇中先生的整个童年也在饶家院度过，他父亲丁观海当年是重庆大学土木工程专业的教授，全家都寓居此院。

随着重庆大学的发展，后来饶家院逐步成为提供生活服务的场所，包括邮局、银行、书店、理发室、水吧、咖啡厅、小型商场超市等，是师生购物、聚会、品茶、交流的重要场所，也是学校各类信息的集散地，被师生称为重庆大学的"解放碑"。在重庆大学师生校友心目中，饶家院始终是重庆大学发源的标志性建筑，是师生校友们最心系钟情的纪念地，是毕业返校校友们必到之处，那里蕴藏着无数重大人的岁月青葱。

2002年，重庆大学因建设用地需要，拆除饶家院新修了主教学楼，留下了门前的那一泓池水和大门上方写有"一丘一壑"的石匾，石匾现在存放在重庆大学图书馆大厅。

附录五

重庆大学 90 周年校庆公告

薪传九秩，教泽八方，师道长垂千载后；

地据两江，声扬四海，文澜力障百川东。

公元 2019 年 10 月 12 日，重庆大学喜迎九十华诞。谨此，向关心、支持、参与重庆大学建设发展的各级领导、各界贤达、海内外校友和全体师生员工致以衷心感谢和崇高敬意！

学府宏开，济济隆隆。近代以来，时局激荡，大国崛起急需新知，华夏图强渴盼栋梁。爱国志士多方奔走倡议筹立巴渝学府，川东父老满腔赤诚捐资施力兴学报国。1929 年 10 月 12 日，循世界近代大学之制度，振民族复兴之木铎，重庆大学宣告奠立。自此，弘深学府，步伐坚毅，铭记"人类之文野，国家之理乱，悉以人才为其主要之因"，勤勉于"不计久远之成功，惟是当前之戮力"，执着于"不期一驾之企及，惟是十驾之不休"，育栋梁拄长天，兴教育佑乡邦。

启兹天府，积健为雄。嘉陵江畔，草木欣欣，书声琅琅。重大之兴办，解深造无门之急，树西南风声，领时代风尚。地处西部，但未有一时一隅之浅见，眼望星辰，胸怀八荒，无论风雨几何，行踵步而不休，积累土而不辍。创业之初艰难缔造，意气风发巍峨屹立；抗战岁月学灯灿亮，昂首不屈光映红岩；建国伊始院系调整，顺势而行担当作为；三校合并再度起航，凝心聚力踔厉奋发；此后"211"继而"985"，至今矢志世界一流。荟群英施教化，春风化雨誉满华夏；乘长风破巨浪，挺立潮头志报国家。

复兴民族，誓作前锋。怀先贤思来者，初心不忘；迎未来领风尚，光景日新。欲远瞩而必高瞻，欲钜业而必宏图。扎根中华，放眼世界；立德树人，振兴家邦。对标一流，追求卓越；服务发展，引领未来。以"耐劳苦、尚俭朴、勤学业、爱国家"为警训，坚信大道行远；以"研究学术、造就人才、佑启乡邦、振导社会"

为己任，必定日进无疆。值此九十华诞之际，以"铭初心，聚众力，塑文化，建一流"为主旨，以"复兴民族，誓作前锋"为主题，办兼具重大特色和全球视野之校庆，总结办学经验，展示办学成就，凝聚各方力量，推动学校发展，激扬"完备弘深"之梦想。

重温初心引九秩薪火，大有可为领创新时代。重庆大学九十周年校庆年从即日起正式启动。衷心期盼广大校友重返母校，再叙情谊，追忆求学岁月，共襄发展大业；诚挚邀请各界宾朋共聚山城，携手合作，唱响前锋壮歌，同谱未来华章！

专此公告，敬祈周知！

重庆大学

2018 年 10 月 12 日

重温初心 引九秩薪火

大有可为 领创新时代

附录六

重庆大学记忆

重庆大学铜质关防及校长小印启用公函（1929 年 10 月 23 日）

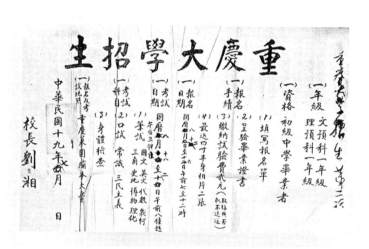

1930年的招生简章

1930年，学校举行升旗典礼留影。

重庆大学成立两周年纪念（1931年　菜园坝）

重庆大学成立三周年纪念（1932年　菜园坝）

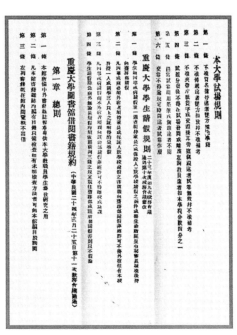

1932年8月开办本科后，学校按照近代大学的要求开设了必修、选修课程，制定了《学制》（62条）、《学生选修课及改课规则》等规章制度，保证了学校的正常运行。图为学校制定的考场规则等。

建校初期农学院第一班全体学生与学校教授合影

重庆大学成立五周年纪念（1934 年 10 月 12 日　沙坪坝）

第一届校董事会成员合影

20世纪30年代初正在建设的重大校园

建设初期的重庆大学

1935 年《大江日报》刊载重庆大学改为省立大学的
消息

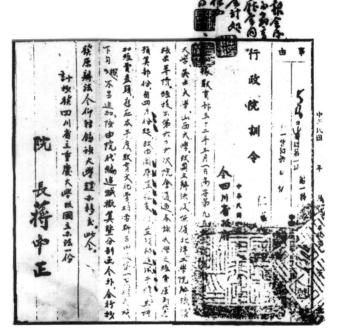

1942 年重庆大学成为国立大学

1937 年理学院及运动场一角

1937 年校园风景（嘉陵江边）

20 世纪 30 年代建成的文字斋

1937年成立的商学院旧址

1937年11月5日，四川省立重庆大学电机工程学会成立纪念合影

1939年国民参政会第四次大会在重庆大学理学院举行

饶家院大门门楣（现存展于学校图书馆）

20 世纪 40 年代重庆大学老图书馆

20世纪20年代重庆大学校徽

20 世纪 30 年代四川省立
重庆大学校徽

20世纪40年代后期重庆大学
校徽

20世纪40年代国立重庆大学校徽

1939年毕业证书

抗日战争时期，中央大学借住重庆大学松林坡修建校址。

初心·1929
重庆大学诞生记

20世纪40年代理学院大楼

1933 年建成的重庆大学大操场全景

图书在版编目（CIP）数据

初心·1929：重庆大学诞生记 / 饶劲松主编 . --
重庆：重庆大学出版社，2023.10（2024.6 重印）
（图说校园文化丛书）
ISBN 978-7-5689-4138-9

Ⅰ.①初… Ⅱ.①饶… Ⅲ.①重庆大学—校史 Ⅳ.
① G649.287.19

中国国家版本馆 CIP 数据核字 (2023) 第 187753 号

初心·1929：重庆大学诞生记

CHUXIN·1929：CHONGQING DAXUE DANSHENGJI

主　编　饶劲松

策划编辑：张菱芷

责任编辑：张菱芷　　装帧设计：田之友

责任校对：刘志刚　　责任印制：赵　晟

*

重庆大学出版社出版发行

出版人：陈晓阳

社址：重庆市沙坪坝区大学城西路 21 号

邮编：401331

电话：（023）88617190 88617185（中小学）

传真：（023）88617186 88617166

网址：http://www.cqup.com.cn

邮箱：fxk@cqup.com.cn（营销中心）

全国新华书店经销

重庆升光电力印务有限公司印刷

*

开本：880mm×1240mm　1/32　印张：5　字数：102 千　插页：8 开 1 页
2023 年 10 月第 1 版　　2024 年 6 月第 2 次印刷
ISBN 978-7-5689-4138-9　定价：88.00 元